大千世界

440個

世界文化 面面觀

益智館 35

大千世界：440個世界文化面面觀

編著　于震

責任編輯　賴美君

封面設計　林鈺恆

美術編輯　王國卿

出版者　培育文化事業有限公司

信箱　yungjiuh@ms45.hinet.net

地址　新北市汐止區大同路 3 段 194 號 9 樓之 1

電話　（02）8647-3663

傳真　（02）8674-3660

劃撥帳號　18669219

CVS 代理　美璟文化有限公司

TEL ／(02)27239968

FAX ／(02)27239668

總經銷：永續圖書有限公司

永續圖書 線上購物網
www.foreverbooks.com.tw

法律顧問　方圓法律事務所　涂成樞律師

出版日期　2019 年 10 月

國家圖書館出版品預行編目資料

大千世界：440 個世界文化面面觀／于震編著.
--初版. --新北市：　培育文化,民 108.10
面；公分. --（益智館系列：35）
ISBN　978-986-98057-2-8 (平裝)
1. 文明史　　2.世界史
713　　　　　　　　　　　108013649

前言

　　這是一本濃縮中外文化知識精粹的儲備書。本書以豐富的知識和史料，講述各類事物的精彩歷史，既是一本知識儲備辭典，又是生活之餘的一本精神食糧。

　　本書男女老少皆宜：學生課外提高豐富文化知識；上班族閒暇之餘、工作休閒提高文化修養；老年人不斷豐富文化素養，讓老年人老有所養，生活舒心、開懷。

　　本書包括世界各種文化小常識，涵蓋天文；節日、節氣；禮儀、習俗、民族；醫藥衛生；生物；交通；政治、軍事；經濟；文體娛樂；科學、技術；教育；影視；戲劇；音樂；舞蹈；美術等方面。

　　假如有人問你，世界貿易組織具體是做什麼事的？母親節是怎麼來的？……這些問題你能答得出來嗎？這些都是一些常識性的問題，說大不大，說小不小，但很少有人去關注，因為這些知識都是零散的，平時又是難以查尋到的。但無論其影響大小，有趣的永遠是背後的歷史和故事。

　　《大千世界：440個世界文化面面觀》將一些讀者可能感興趣的、富有趣味的常識編輯成冊，尋根探源，集納中外燦爛文化，談古論今，獵獲古今豐富知識，讓你輕鬆閱讀古今中外萬事萬物，開闊視野。

❸ 世界音樂、舞蹈面面觀　　052

❽ 世界政治面面觀   123

❾ 世界軍事面面觀   138

11 世界飲食面面觀 174

16 世界天文、曆法常識面面觀　　243

17 世界科技面面觀   258

⑱ 世界醫學面面觀　　283

⑲ 世界名人名著面面觀　　　300

世界語言、文字面面觀

世界文字之最

1. 世界最古老的詩是古希臘荷馬史詩《伊利亞特》和《奧德賽》，早在1500多年的巴比倫史詩《吉斯拉密斯》就有記載。

2. 世界最早的傳記文學是中國西漢司馬遷編著的《史記》。

3. 最早的寓言《伊索寓言》。

4. 世界最早的長篇小說是日本《源氏物源》，作者紫式部（女，西元978~1016）成書時間約在十一世紀。

5. 世界上最早的科幻小說是西元一世紀希臘作家盧西恩的月球旅行記《真實的歷史》。

6. 世界最早的推理小說是中國四百多年前產生的《包公案》。

7. 世界最長的史詩是藏族的長篇敘事詩《格薩爾王傳》，這部史詩除散文不算，單史詩部分就有10

0萬到150萬行。

8. 世界寫得最久的一部書是德國作家歌德的《浮士德》從24歲寫到84歲，整整60年。

世界九大語系

目前人們一般把世界的語言劃分為九大語系：

1. 漢藏語系。

2. 印歐語系。

3. 阿爾泰語系。

4. 閃——含語系。

5. 烏拉爾語系。

6. 伊比利亞——高加索語系。

7. 馬來——波利尼西亞語系。

8. 南亞語系。

9. 達羅毗荼語系。

此外，還有非洲和美洲的一些語言和一些系屬不明的語言。

世界十大語言

英語、漢語、德語、法語、俄語、西班牙語、日語、阿拉伯語、韓語（朝鮮語）、葡萄牙語。

文字列表

在當今大的語種裡，文字主要分為：

意音文字

漢字（中文）

日文漢字

韓文漢字

西夏文

女真文

契丹文

埃及文

楔形文字

音節文字

日文假名

彝文

元音附標文字（用上加字，或下加字，或左加字，

或右加字來標注元音）

　　天城文

　　泰文

　　緬甸文

　　老撾文

　　高棉文

　　藏文

　　印地文

　　梵文

　　悉曇文字

　　輔音音素文字

　　阿拉伯文

　　希伯來文

　　全音素文字

　　拉丁字母

　　西里爾字母

　　希臘文

　　亞美尼亞文

　　格魯吉亞文

　　蒙古文

　　朝鮮文

　　它拿字母（馬爾地夫文）

世界語

　　世界語是波蘭醫生柴門霍夫博士於1887年創製的一種語言，至今已一百多年。他希望人類借助這種語言，達到民族間相互瞭解，消除仇恨和戰爭，建立平等、博愛的人類大家庭。

　　柴門霍夫在公佈這種語言方案時用的筆名是「Goktoro Esperanto」（意為「希望者博士」），後來人們就把這種語言稱作Esperanto。

　　本世紀初，當世界語剛傳入中國時，有人曾把它音譯為「愛斯不難讀」語，也有叫「萬國新語」的。後來，有人借用日本人的意譯名稱「世界語」，一直沿用至今。

使用語言最多的以色列

　　以色列猶太人會講的語言之多，可稱世界之最。1948年，以色列建國後，猶太人逐漸從世界156個國家和地區回歸以色列定居，使以色列成為一個多語並存的猶太移民國家。以色列國內不同猶太移民之間，講五花八門的語言。有人統計，以色列猶太人使用的語言多達

86種。猶太民族的多元文化，為以色列這個小國撐起一片廣闊的天空。因而，人們說以色列是「國小天地大」。

英語

西元5世紀，歐陸的撒克遜人、盎格魯人和裘特人北渡海峽，到達不列顛島，征服了當地的部落，成了島上的主人。後來，他們就被稱為盎格魯・撒克遜人，使用的古日耳曼方言就成了盎格魯・撒克遜語，也就是古英語。

9至10世紀，居住在斯堪的納維亞的北歐日耳曼人（即諾曼人），征服了今天法國北部的高盧地區。但他們的語言和文化卻很快被當地說古法語的高盧人所征服。這部分法語化了的諾曼人在11世紀又渡海北上，征服了整個不列顛島。幾個世紀以來，他們一直統治著英國，但在語言的征服上不太成功。

16世紀，進入了近代英語和現代英語的發展時期。這一時期的英語是以英王詹姆斯欽定《聖經》英譯本和莎士比亞戲劇為代表的，但和現代英語還有相當大的不同。18世紀後，英語的書面語就和現在我們看到的基本上一致了。

拉丁字母

　　拉丁字母是目前世界上使用最廣泛的一種字母文字系統，也叫「羅馬字母」。拉丁文的字母約西元前7～前6世紀時，從希臘字母透過埃特魯斯坎（Etruscan）文字（形成於西元前8世紀）媒介發展而成。成為羅馬人的文字，並隨著羅馬的對外征服戰爭，拉丁字母作為羅馬文明的成果之一也被推廣到了西歐廣大地區。最初只有二十個，書寫時沒有標點，且只有大寫字母，後來增加到二十六個。

　　根據羅馬的傳說，拉丁字母是由女預言家西碧（Sibyl）的兒子Vander在特洛伊戰爭發生前的60年引進羅馬的。這種說法未得到歷史的支持。

楔形文字

　　楔形文字來源於拉丁語，是cuneus（楔子）和forma（形狀）兩個單詞構成的復合詞。楔形文字也叫「釘頭文字」或「箭頭字」，古代西亞所用文字，多刻寫在石頭和泥版（泥磚）上。

　　約在西元前3000年左右，青銅時代的蘇美爾人用泥

板透過圖畫的形式記錄帳目。而且蘇美爾人還用它來表示聲音，幾個表意字合在一起就可以代表一個複雜的詞或短語。蘇美爾楔形字有意符和音符。

經過巴比倫人、亞述人、阿拉米人的使用和改造，成為一種半音節文字。楔形符號共有500種左右，其中有許多具有多重含義，其「準確含義」只能根據上下內容來確定。

羅馬數字

羅馬數字是歐洲在阿拉伯數字（印度數字）傳入之前使用的一種數碼，現在應用較少。它的產生晚於中國甲骨文中的數碼，更晚於埃及人的十進位數字。但是，它的產生標誌著一種古代文明的進步。羅馬數字的1就是I，2就Ⅱ，3就是Ⅲ，5是V，10是X。

盲文

19世紀時，法國的路易‧布萊爾首創了盲文。

布萊爾小時候因意外事故雙目失明，後來，他進入盲人學校讀書，畢業後留校任教。那時，在盲人學校

裡，老師把一個個用又大又厚的紙片剪成的字母，黏在像縫紉機一樣的台板上，孩子們讀書時，用手指一個一個摸過去，要摸好久才能讀懂一句話。因此，布萊爾很想創造出一種專供盲人摸讀和書寫的文字。

經過5年的反覆研究，他終於創造出了一種簡單、實用的「點子盲文」。這種文字由打在厚紙上的6個點子組成，透過幾組點子的不同排列，可以表示出所有26個拉丁字母。

1887年，「點子盲文」獲得國際公認，這樣布萊爾給無數盲人帶來了光明。

標點符號

據史料記載，西元16世紀小馬努蒂烏斯提出了一套正規的標點符號系統。主要符號源於希臘語法家們所用的小點，但常常改變其含義。希臘文中的問號（；）變成了英語中的分號。中國古時候沒有標點符號，文章讀起來很吃力，甚至被人誤解。到了漢朝才發明了「句讀」符號，語言完整的一小段為「句」；句中語意未完，語氣可停的一小段為「讀」（音逗）。

宋朝使用「。」和「，」來表示句讀。明代才出現了人名號和地名號，這些就是中國最早的標點符號。

問號

「？」來源於拉丁文中的question一詞，意即質問、疑問、問題。在問號出現之前，每當要表示詢問的意思時，就在句子末端加上question。人們為了書寫的簡便起見，就取其開頭的「q」和末尾的「o」，縮寫成「qo」兩個字母。不久又有人把「q」寫在上面，「o」寫在下面，後來又草寫成「？」。今天，它已成為了世界通用的標點符號。

阿拉伯數字

西元7世紀，阿拉伯人征服了周圍的民族，建立了阿拉伯帝國。後來，帝國分裂成東、西兩個國家。由於這兩個國家的各代君主都獎勵文化和藝術，所以兩國的首都非常繁榮，特別繁榮的是東都一巴格達。西來的希臘文化和東來的印度文化都彙集到這裡來了，阿拉伯人將兩種文化理解消化，從而創造了獨自的阿拉伯文化。

西元750年後的一年，有一位印度的天文學家拜訪了巴格達王宮。他帶來了印度製作的天文表，並把它獻給了當時的國王。印度數字1.2.3.4……以及印度式的計

算方法（即我們現在用的計算法）也正是這個時候介紹給阿拉伯人的。在印度產生的數字被稱做「阿拉伯數字」的原因就在於此。

▌▌ OK 的由來

　　美國辭典的說法是：1840年美國民主黨總統候選人馬丁・范布倫在競選時，用「OK」作為競選口號。原來他出生於紐約的老金德胡克（OldKinderhoek），用這個地名的頭兩個字母作為競選口號，意思是「競選成功」。

　　通常認為，「OK」來自美國的一位記者。1839年3月23日《波士頓晨郵報》一位記者在文章付印前寫上了「OK」。研究古希臘語言的學者認為，這位記者曾受過古典的希臘教育，千百年前，希臘教師在批閱優秀學生的文章時，往往在末尾寫上「aiakala」或「OK」，意思是一切都好，與英語中「OK」表示的對、好、可以、行的意思差不多。

海報的由來

據考古學家的發現，在埃及廢墟裡殘存的牆上、椿子上都有壁畫的存在，這種壁畫意味著公告當地百姓將有某種事情發生，這可以稱得上是世界上最早的海報。

到了羅馬時代，海報的運用則更為普遍了。每當競技場上將有比賽、決鬥的演出之前，各處都會張貼海報來宣傳。

印刷術發明之後，海報出現的形式更活躍快捷，不僅可用以張貼，而且可以人工分發。

世界奇書集錦

石頭書：緬甸有一本石頭書，共730頁，每頁重2公斤，全書共重1460公斤。據專家說，此書是19世紀中葉由100名石匠花了9年時間雕刻成的佛經。

指甲書：日本利用最新電子技術，出版了一本名叫《花雨》的書。全書100頁，僅重0.0076克，約有指甲厚。

帽子書：秘魯有一種帽子書，即在每頂帽子上用布圍成多層帽圈，再在每層布上貼上書頁。這樣，一頂帽子就相當於一本書。

青銅書：保加利亞博物館保存了一套全部用青銅製成的書，共22頁，重4公斤，內容全為格言。

立體書：英國兒童出版社出版了一本有關歷史名勝的書，書中的建築物是用硬紙仿照實物式樣，按比例繪製而成，立體感極強。

防盜書：美國有一種帶磁性的書，這種書在出售或借出時，由消磁機清除磁性方可順利帶出門外，否則出門時警鈴便發出聲響，盜書者無一漏網。

防水書：英國有一種名叫《魚類學家指南》的書，用特製的聚乙烯紙印成，專供從事航海和捕魚者閱讀，有較高的防水性能。

磚書：在敘利亞和伊拉克境內，發掘出一批2000多年前的磚書，是用黏土燒製而成。這些書記載了古代亞述帝國時期的故事。

鳥語書：俄羅斯出版了一種鳥語書，該書可使讀者瞭解各種鳥鳴的意思。

羊皮書：在西元前，地中海沿岸各國多用羊皮製書，封面和底用兩塊木板製作，外用羊皮包上，裡面用布做襯，書背加銅製成裝飾品，全書還有精製的珠寶盒。

樹書：德國有一種書，它放置在木質的盒子裡，書脊用樹皮製作，並壓印出該書的德文及拉丁文名稱。

世界五大通訊社

AP美聯社（Associated Press）

1892年美聯社正式成立於伊利諾伊州，目前總社設於紐約。美聯社是一個合作性的非營利組織，在美國本土采會員制，會員繳交會費並發送新聞稿至總社，總社則免費提供各地新聞資訊給會員。而國外報紙、電台、電視若要獲得新聞則須繳費訂購。

UPI合眾國際社（United Press International）

合眾國際社是目前世界上獨立經營的最大通訊社，由於它是營利機構，可說是真正「賣新聞」的通訊社。它的總社設在紐約。除了發出新聞電訊稿之外，它還有幾家附屬機構，如「聯合特稿通訊」（United Feature Syndicate）專門提供各報社漫畫、專欄文章等特稿。

AFP法新社（Agence France-Presse）

法新社的前身為哈瓦斯社，於1835年創立於法國巴黎。二次大戰後，法國政府將所有的電訊社包括哈瓦斯社合併為現在的法新社，並給予官方的補助。法新社除了發送一般新聞稿外，也提供工商行情、時尚流行及其他特稿。

Reuter路透社（the Reuter Led.）

　　路透社是英國最早的一家通訊社，由PaulJulius Reuter於1851年在倫敦創社。路透社主要在採訪國外新聞，然後提供給英國國內的報紙、廣播及電視，同時也將這些新聞發送給國外的訂戶。

　　TASS塔斯社（Information Telegraphic Agency of Russia-TASS）

　　塔斯社在世界五大通訊社中地位較特別。它不但直接隸屬於蘇聯政府，同時也具有一般通訊社的特色，有派駐國外各地的記者、有處理電訊稿的總社以及對外發佈新聞的設備。它對國外的報紙、廣播及電視不收費用。（現已隸屬俄羅斯）

廣播

　　1906年聖誕節晚上8點鐘左右，在英格蘭海岸外的船上，有幾個無線電報務員從耳機中聽到了讀聖經的聲音，然後又聽到了小提琴演奏聲和《舒緩曲》的唱片音樂，最後還祝大家聖誕節快樂，前後共幾分鐘。這就是世界上第一次廣播。

　　中國最早出現的廣播電台是在1922年底，由美國記者永斯邦透過一個姓曾的華僑富商出錢，在上海租界裡開通辦起來的。

世界美術、工藝面面觀

美術

通常指繪畫、雕塑、工藝美術、建築藝術等在空間開展的、表態的、訴請於人們視覺的一種藝術。17世紀歐洲開始使用這一名稱時，泛指具有美學意義的繪畫、雕刻、文學、音樂等。中國「五四」前後開始普遍應用這一名詞時，也具有相當於整個藝術的含義。例如魯迅在1913年解釋「美術」一詞時寫道：「美術為詞……譯自英之愛忒。」愛忒雲者，原出希臘，其誼為藝。隨後不久，中國另以「藝術」，一詞翻譯「愛忒」，「美術」一詞便成為專指繪畫等視覺藝術的名稱了。

繪畫的由來

舊石器時代後期，出現了繪畫，其中最早的繪畫屬於舊石器時代的奧瑞納文化和馬格德林文化，在西班牙

和法國比較集中。

1940年，考古學家發現了法國蒙地亞克的拉斯河洞穴壁畫，這是一些繪在內巖壁上的彩畫，保存極好。各種畫像大小不一，大的5.5米，小的1米左右，約有100多幅。以馬為最多，其次為牛、鹿、熊、鳥等，也有極其粗糙的人像。這些畫大多是粗線條的輪廓畫和剪影，顏料有黑色的氧化錳和紅色及黃色的氧化鐵。

巴洛克藝術

意思為「奇形怪狀」、「矯揉造作」。起源於17世紀義大利的羅馬，後流行於全歐洲，在建築、雕刻、繪畫乃至音樂方面都有體現。其典型風格就是熱情奔放、運動感強烈和裝飾華麗。

古典主義繪畫

古典主義是17世紀到19世紀初，在歐洲文學藝術中流行的一種藝術思潮。它起源於法國但在歐洲各國或各個時代的藝術中都得到了不同反映。它主張透過理性來認識世界，認為僅憑理性就可以表現世界的真實。具體

到美術領域，古典主義熱衷於表現古代題材。除了強調理性之外，它還排斥想像，崇尚自然，反對與它並存的巴洛克藝術。

古典主義還注重一般的類型的表現，認為藝術不應該受到時間和空間的限制。其十分注重藝術的形式，並從形式上把藝術分為高級和低級的兩部分，主張從形式上去模仿古希臘羅馬時代的作品。就繪畫而言，所謂「高級」得藝術是指歷史畫、宗教畫和神話畫，「低級」得藝術是指風俗畫、肖像畫、風景畫和靜物畫。

洛可可繪畫

洛可可風格的作品都和宮廷貴族生活有關，而且是所謂國王與貴族不同形式的肖像畫。它們以輕巧、華麗、精緻和細膩為特徵，其表現手法沒有巴洛克式的顯著、強烈的明暗對比，而是給人一種輕快的平面感覺一色彩上喜歡採用銀色、不鮮明的金黃色、白色等輕淡、穩靜、雅致的色彩，畫面線條則使用柔和的曲線，不似巴洛克繪畫那樣曲折、誇張。

新古典主義繪畫

新古典主義美術運動大約流行了半個多世紀，並在繪畫、雕塑、建築、文學、戲劇、音樂和舞蹈領域都又活躍的表現，影響遍及整個歐洲。它不是對古希臘羅馬藝術的重複，更不是17世紀古典主義美術的翻版。它只是借助了與古代英雄主義相對應的某些藝術形式，以有利於在作品中表現莊嚴而熱烈的鬥爭激情。

浪漫主義美術與繪畫

誕生於19世紀初，興盛於這個世紀的30年代。包括繪畫在內的浪漫主義美術，是在同古典主義的對抗中發展起來的。浪漫主義藝術家大都不滿現實，竭力推崇自由、平等、博愛和個性解放思想。在藝術創作上，畫家們反對刻板僵化的教條，提出了與古典主義截然不同的審美原則。

現實主義美術與繪畫

於19世紀40至70年代的法國產生，並大放光彩。現實主義藝術家反對藝術中的因襲保守和虛構臆造，主張以寫實的手法來表現當時真實的社會生活。這就是現實主義繪畫藝術。

巴比松畫派

19世紀60年代，一批畫家因貧困或失意而聚集在巴黎近郊楓丹白露森林邊緣的巴比松村，專門從事風景畫創作。他們以17世紀荷蘭風景畫和當代英國的風景畫為榜樣，注重戶外寫生，力求真實的描繪自然景物。

印象主義繪畫

1874年4月，印象主義這個新名詞誕生了。其特點是：

1.摒棄16世紀以來古典繪畫中變化甚微的褐色調，強調根據畫家自己眼睛的觀察和直接感受來表現明亮、

微妙的變化。其中特別注重對外光的表現，提倡戶外寫生，直接描繪陽光下的物象。

　　2.追求瞬間的視覺印象，注重表現當代日常生活，取客觀場景的片斷入畫，對構圖並不刻意經營。它使歐洲的繪畫因此而在色彩上出現了一次重大革新。它也是現代藝術的開端。

新印象主義畫派

　　出現於19世紀80年代，又稱「點彩派」或「分色主義」。較之印象主義，它的繪畫更注重對構圖的經營和對個人情感的強調，並在色彩分析方面有所探索。但由於過分機械的搬用「科學」方法，單純追求色彩效果，其作品畫面往往機械呆板，失去了繪畫藝術應有的生動性。

後期印象派

　　出現於19世紀末期。其突出的特點是對印象主義的用色方法進行了革新。其畫家們不滿足於對物象的客觀描繪，他們強調應根據畫家的主觀感受對繪畫形象進行

再創造，並注重畫面的色彩對比、體積感和裝飾性。它的出現，給以西方繪畫具有特殊的意義。

印象主義對光與色的追求與探索還不能脫離客觀自然，西方的傳統美學規範還在制約著他們的發展，對畫家來說，他們還處在被動的地位上審視自然；後期印象主義卻徹底擺脫了客觀物象的束縛，拋棄了繪畫藝術中的文學化和情節化因素，其作品只靠繪畫語彙本身來傳達事物的美感和創作主體的精神。

拉斐爾前派

出現於19世紀40年代的英國。皇家美術學院的一批學生，為了反對當時美術學院陳陳相因、缺乏創造的陳腐畫風，提出要以拉斐爾以前的文藝復興藝術為榜樣，真實的表現自己的思想感情和觀念，並忠實於自然，發揮藝術的社會道德作用。他們稱自己的繪畫團體為「拉斐爾前派兄弟會」。其作品確有早期文藝復興以及尼德蘭文藝復興的某些視覺特點，如不強調光影變幻，多用平塗顏色和清晰的輪廓線等。整體來說，其畫家們大多畫風嚴謹，有的作品呈現出憂鬱的情調。在創作題材上，他們多半選擇有關道德或宗教的方面的內容。

為什麼古希臘雕塑都是裸體

　　藝術大約在3000年前，愛琴海一帶出現了無數城邦，城邦的公民都擁有奴隸。當時生活都很簡單，對悠閒的公民來說，只有兩大職責：公共事務和戰爭。那時戰爭全憑肉搏，因此每個士兵都得鍛鍊好身體，愈強壯愈矯健愈好。年輕人大半時間都在練身場上裸身角鬥，跳躍，拳擊，賽跑，擲鐵餅，把赤露的肌肉練得又強壯又結實，這就是希臘的特殊教育。所以，在希臘人眼中，理想的人物是身手矯健，發育好，比例勻稱，擅長各種運動的人體。

　　希臘人以美麗的人體為模範，於是，具有美麗胴體的都成為偶像和英雄。基於這種思想，雕塑裸體像自然地成為當時藝術主流。

浪漫主義之獅

　　德拉克洛瓦，法國畫家。他的作品充滿浪漫主義風格，成名作《但丁的小舟》。

　　1825年德拉克洛瓦訪問英國，英國繪畫的鮮明色彩，使他對法國學院派線條的艱澀和色彩的貧瘠更為不

滿。

在其後的作品中他著意強調光和色的微妙關係，取
材於莎士比亞、歌德、拜倫等文學作品的一批畫作，均
以繽紛的色彩、宏大的構圖、強烈的明暗對比和深刻的
心理刻畫，被後人稱之為浪漫主義的典範之作。這樣的
處理手法是藝術上的創新之舉，因此，他被人們譽為
「浪漫主義之獅」。

西洋畫

指區別於中國傳統繪畫體系的西方繪畫，簡稱西
畫。包括油畫、水彩、水粉、版畫、鉛筆畫等許多畫
種。傳統的西洋畫注重寫實，以透視和明暗方法表現物
象的體積、質感和空間感，並要求表現物體在一定光源
照射下所呈現的色彩效果。

油畫

以易於油劑（亞麻仁油、罌粟油、核桃油等）調和
顏料，在亞麻布，紙板或木板上進行製作的一個畫種。
作畫時使用的稀釋劑為押發性的松節油和乾性的亞麻仁

油等。畫面所附著的顏料有較強的硬度,當畫面乾燥後,能長期保持光澤。油畫是西洋畫的主要畫種。

漫畫

在日本,19世紀上半葉的著名「浮世繪」風俗畫家葛飾北齋(1760~1849),他明確用「漫畫」一詞作為一個畫種的名稱而出現。所以說,「漫畫」作為繪畫品種的名稱,有可能從日本傳入中國。

在中國,明確以「漫畫」這一名稱作為畫種出現,是1904年。該年3月27日起,上海的《警鐘日報》上發表的畫,就曾冠以「時事漫畫」的名稱。從1925年5月第172期起《文學週報》以「漫畫」為題頭,刊出《燕歸人未歸》後,陸續發表豐子愷的一系列漫畫。從此,「漫畫」這一名稱便在中國普及流傳開來。

鉛筆畫

17世紀,在荷蘭畫家的作品中,最先出現了用石墨(鉛筆)繪製的細節。1795年,法國化學家、發明家康特把石墨和黏土混合造出硬軟程度不一的筆芯,從而使

筆觸可以得到控制。這使鉛筆有軟、有硬，類型很多，適於繪畫，於是為19世紀畫家所廣泛使用。

19世紀，法國新古典主義畫家安格爾的人物素描和肖像習作是鉛筆畫的典範，其清晰的輪廓和鮮明的陰暗差別，在畫中融為一體，優雅嚴謹。

20世紀，許多畫家繼續用鉛筆創作具有獨特藝術價值的作品。繪畫發展到今天，鉛筆被廣泛用於繪畫的基本功訓練，以及作畫之前的準備工作。

二度空間

繪畫術語。指由長度（左右）和高度（上下）兩個因素組成的平面空間。在繪畫中為了真實的再現物象，往往借助透視、明暗等造型手段，在二度空間的平面上造成縱深的感覺和物象的立體效果，即以二度空間造成自然對像那種三度空間的幻覺。

有些繪畫，如裝飾性繪畫、圖案畫等，不要求表現強烈的縱深效果，而是有意在二度空間中追求扁平的意味，來獲得藝術表現力。

《蒙娜麗莎》微笑之謎

　　500年來，人們一直對《蒙娜麗莎》神祕的微笑莫衷一是。不同的觀者或在不同的時間去看，感受似乎都不同。有時覺得她笑得舒暢溫柔，有時又顯得嚴肅，有時像是略含哀傷，有時甚至顯出譏嘲和揶揄。

　　在一幅畫中，光線的變化不能像在雕塑中產生那樣大的差別。但在蒙娜麗莎的臉上，微暗的陰影時隱時現，為她的雙眼與唇部披上了一層面紗。而人的笑容主要表現在眼角和嘴角上，達文西卻偏把這些部位畫得若隱若現，沒有明確的界線，因此才會有這令人捉摸不定的「神祕的微笑」。

世界十大著名雕塑

　　擲鐵餅者、大衛、米洛斯的維納斯、雅典娜神像、門考拉夫婦立像、復活節島的巨石雕像、獅身人面像、漢摩拉比法典、思想者

《大衛》

《大衛》是米開朗基羅的成名作。為這座雕像米開朗基羅花了大約３年的時間，使它幾乎達到了完美無缺的境界。《大衛》的成功，讓米開朗基羅成為當時最偉大的雕塑家。

《大衛》被當時的政府安放在佛羅倫薩市政廳前的廣場上，直到今天，你依然能在這裡欣賞到這一傑作。

維納斯

《米洛斯的阿芙洛蒂忒》俗稱《米洛斯的維納斯》、《斷臂的維納斯》、《維納斯像》等，大理石雕像，高204公分，亞力山德羅斯創作於約西元前150年左右，現收藏於法國巴黎羅浮宮。

從雕像被發現的第一天起，就被公認為是迄今為止希臘女性雕像中最美的一尊。這尊雕像還是羅浮宮的三大鎮館之寶。

3 世界音樂、舞蹈面面觀

世界流行音樂十大流派

鄉村音樂：起源於美國西海岸，歌唱時只有吉他伴奏，曲調抒情。

迪斯可：在搖擺舞音樂中加上強烈的節奏鼓。

爵時搖擺樂：傳統的爵士樂加上較和諧的配器。

滾石樂：音樂飄忽，節奏感強。

頹廢搖滾樂：曲調怪誕做作，七零年代風行一時。

進步音樂：帶有搖滾樂的色彩，音響效果較好。

通俗流行音樂：集各流派之大成，曲調樸實。

萊卡音樂：受牙買加傳統民族音樂影響而形成的一種音樂。

歌伎音樂：演唱時發音不加任何修飾，有時近乎乾喊。

黑人音樂：取材於黑人歌曲，節奏較強。

世界十大音樂學院

維也納音樂學院、英皇、莫斯科音樂學院、巴黎音樂學院、朱利亞音樂學院、柏林藝術大學音樂學院、萊比錫音樂音樂學院、義大利的米蘭音樂學院、柴可夫斯基音樂學院、博克力音樂學院。

世界十大交響樂團

德國德雷斯頓管絃樂團，創辦於1584年，是世界歷史上最悠久的交響樂團。

美國克利夫蘭管絃樂團，成立於1812年，是全美最優秀的樂團之一。

美國波士頓交響樂團，成立於1881年。

奧地利維也納愛樂樂團，成立於1842年。

荷蘭阿姆斯特丹管絃樂團，成立於1888年。

美國費城管絃樂團，成立於1900年。

美國芝加哥交響樂團，成立於1891年。

法國巴黎管絃樂團，成立於1967年。

德國柏林愛樂樂團，成立於1882年。

俄羅斯國立愛樂樂團，前身是1772年成立的聖彼得

堡音樂協會管絃樂團，十月革命後改名為列寧格勒國立
愛樂樂團。

音樂家的美譽

音樂之父——巴赫（德國）

樂聖——貝多芬（德國）

歌曲魔王——舒伯特（德國）

音樂神靈——亨德爾（德國）

指揮之王——卡拉揚（德國）

音樂之王——斯卡拉蒂（義大利）

小提琴之王——帕格尼尼（義大利）

圓舞曲之父——老約翰·施特勞斯（奧地利）

交響樂之父——海頓（奧地利）

鋼琴詩人——肖邦（波蘭）

鋼琴之王——李斯特（匈牙利）

旋律之王——柴可夫斯基（俄國）

維也納三傑

貝多芬、海頓、莫札特

世界十大音樂家及其代表作

巴赫——《勃蘭登堡協奏曲》

莫扎特——《費加羅的婚禮》

貝多芬——《合唱交響曲》

威爾第——《弄臣》

約翰・施特勞斯——《藍色多瑙河》

柴可夫斯基——《悲愴交響曲》

德沃夏克——《自新大陸交響曲》

馬勒——《大地之歌》

德彪西——《牧神的午後前奏曲》

施特拉文斯基——《春之祭》

音樂「1~7」的由來

「多來咪發梭拉西」是舶來品。在中國古代，記述音樂是採用宮商角徵羽五音記法。

在11世紀的歐洲，當時教會裡唱讚美詩，只有「一、二、三、四、五、六」這六個音。後來，義大利僧侶音樂家歸多把聖樂的一首讚美詩每行歌詞的第一音依次排列起來，剛好是「六個音階」，因此，他就用每行歌詞的第一個音節「烏來咪發梭拉」來代替六聲音階。不久，七聲音節問世，才把原來棄掉的那些讚美詩最後一句「聖約翰」幾個字的第一音字母拼起來，成為第七個唱名「七」，發音為「西」。到了17世紀，義大利音樂家布隆契認為第一音名「烏」，不響亮，提出換用「多」音，他的意見被許多音樂家所接受，於是「一、二、三、四、五、六、七」就正式成為今天的唱法。

五線譜的由來

五線譜就是用五條橫線來記載音樂的一種記譜法。它誕生到現在已有1000多年的歷史。遠在10世紀的時候，法國人古多就用四條橫線來記載音樂。這個發明幾乎震動了整個歐洲。當時的羅馬教皇知道之後，立即將古多召到羅馬，並命他把羅馬教堂收藏的樂譜，一律改用他的記譜法。

17世紀初，人們將四條橫線改為五條橫線，又增加

了一個記譜符號，才正式形成體系，並為世界各國所普遍採用。

數字簡譜

18世紀中葉，法國著名思想家盧梭深深感到五線譜記譜方法的複雜，造成了群眾在音樂學習上的困難，便大聲疾呼簡化記譜方法。

1742年，他在法蘭西科學院作了報告，提出了他的數字記譜制度；又在《論現代音樂》一文中，具體地闡述了這套數字記譜制的內容；1767年，又把它編入他的《音樂辭典》中。後來，數學教師加蘭把簡譜作了進一步的改進，接著是他的一個信徒帕里斯，最後是謝維醫生，他把整個制度加以系統地組織，編書成冊，並透過大辦群眾合唱團，大力推廣。這個記譜制，在法國就被稱做「加蘭─帕里斯─謝維記譜制」，很受群眾歡迎，並得到了官方正式的認可。

圓舞曲之王

圓舞曲又名華爾茲，也是一種三拍子的舞曲。起源於奧地利的一種民間舞蹈。起初流行於維也納的舞會

上，十九世紀風行歐洲。以施特勞斯的佳作《藍色多瑙河》最為著名。它有快步和慢步兩種。與同樣也是三拍子的瑪祖卡不同，它的重音一般都落在小節的第一拍上。也與同樣是三拍子的小步舞曲不同。圓舞曲的特點是節奏鮮明，旋律流暢，不像小步舞曲那麼溫文爾雅。不過必須明確，音樂不是數理，不是邏輯，這種區別只是就一般情況而言，並非是絕對的。在音樂史上，施特勞斯被稱為「圓舞曲之王」。

西方音樂之父

約翰‧塞巴斯蒂安‧巴赫（1685～1750），德國作曲家，偉大的「西方音樂之父」。是將西歐不同民族的音樂風格渾然融為一體的開山大師。他萃集義大利、法國和德國傳統音樂中的精華，曲盡其妙，珠聯璧合，天衣無縫，對後來將近三百年整個德國音樂文化乃至世界音樂文化產生了深遠的影響。

樂聖

路德維希‧凡‧貝多芬（Ludwigvan Beethoven，1770～1827），德國最偉大的音樂家，鋼琴家，維也納

古典樂派代表人物之一。貝多芬信仰共和，崇尚英雄，創作了有大量充滿時代氣息的優秀作品，如：交響曲《英雄》、《命運》；序曲《哀格蒙特》；鋼琴奏鳴曲《悲愴》、《月光曲》、《暴風雨》、《熱情》等等。堅守「自由、平等」的政治信念，寫下不朽名作《第九交響曲》。貝多芬集古典音樂的大成，同時開闢了浪漫時期音樂的道路，對世界音樂的發展有著舉足輕重的作用，被尊稱為「樂聖」。

交響樂之父

在音樂史上，單以交響樂形式寫出125部交響曲的作曲家，可謂獨此一人，這位豐產的作曲家就是被譽為「交響樂之父」的海頓。海頓規範了交響樂的體裁，確立了樂隊的雙管編製和近代配器法原則，奠定了近代交響樂隊的基礎。

歌曲之王

奧地利作曲家舒伯特於1797年1月31日出生在維也納貧困的小學校長家庭。1828年11月19日，年僅三十一

歲的舒伯特在維也納溘然長逝，他被人們崇敬地安葬在貝多芬墓旁。

舒伯特的創作生涯雖然很短暫，卻給後人留下了大量的音樂財富，600多首委婉動聽的藝術歌曲，為世界音樂寶庫增添了耀眼的光輝，在音樂史上被譽為「歌曲之王」。其最有代表性的歌曲有《魔王》、《野玫瑰》、《聖母頌》、《菩提樹》、《鱒魚》、《小夜曲》、聲樂套曲《美麗的磨坊女》、《冬日的旅行》等；另有18部歌劇、歌唱劇和配劇音樂，10部交響曲，19首絃樂四重奏，22首鋼琴奏鳴曲，4首小提琴奏鳴曲以及許多其他作品。

協奏曲

協奏曲——Concerto，原意是競賽。16世紀義大利的協奏曲多指有樂器伴奏的合唱曲，以別於無伴奏合唱。17世紀後半葉起，指由幾件或一件獨奏樂器，與一小型絃樂隊互相競賽的器樂套曲。用幾件樂器者稱「大協奏曲」。義大利作曲家托萊里和科萊里是大協奏曲的創始者。亨德爾和巴赫都作有大協奏曲。巴赫的《勃蘭登堡協奏曲》就是大協奏曲中有代表性的作品之一。

鋼琴

　　鋼琴是一種鍵盤樂器，用鍵拉動琴槌以敲打琴弦。從18世紀末以來，在歐洲及美國，鋼琴一直是最主要的家庭鍵盤樂器。鋼琴發源於歐洲，17世紀末，義大利人克里斯多福里（Bartolomeo Cristofori）發明的一種類似現代鋼琴的鍵盤式樂器。至今已有300多年的歷史。

　　鋼琴的起源，最早可追溯到古埃及與古希臘的弦什（一絃琴）。將弦什的琴弦不斷增加，逐漸形成了多絃樂器。進而多絃樂器又演變成兩種演奏形式的樂器。一是以手指撥動琴弦發音的多絃樂器。後與鍵盤結合成為撥弦古鋼琴。另一種是以手指撥動琴鍵，裝置於鍵尾的小槌擊弦發音的古鋼琴。這兩種樂器都是現代鋼琴的鼻祖，故統稱之為古鋼琴。

巴洛克音樂

　　巴洛克是一個時期，而不是一種風格，這個時期出產的音樂作品就稱為巴洛克音樂。

　　巴洛克音樂的一些特點（Baroque），它的節奏強烈、跳躍，採用多旋律、復音音樂的復調法，比較強調

曲子的起伏，所以很看重力度、速度的變化。巴洛克音樂是後期發展的一個基礎。在聲樂方面，巴洛克音樂帶有很濃的宗教色彩，當時的宗教音樂在西方音樂的發展占很大的份量。那個時期的器樂曲發展也很迅速，尤其是絃樂方面的發展。那個時期的代表人物有：巴哈、維瓦爾蒂和亨德爾。

浪漫主義音樂

浪漫主義樂派是繼維也納古典樂派後出現的一個新的流派，它產生在十九世紀初。

浪漫主義音樂承襲古典樂派作曲家的傳統，強調個人主觀感覺的表現，作品常常帶有自傳的色彩；作品富於幻想性，描寫大自然的作品很多，因為大自然很平靜，沒有矛盾，是理想的境界；重視戲劇，研究民族、民間的音樂文學，從中吸取營養，作品具有民族特色。

爵士樂

爵士樂，是英文jazz的音譯。它是20世紀初產生於美國新奧爾良的一種舞曲性質的音樂。爵士音樂起源於

非洲黑人音樂。17世紀初，當大批黑人被販賣到美洲淪為奴隸時，他們也把自己熱愛的故鄉音樂帶到了美洲。爵士音樂是作為窮苦黑人的娛樂音樂發展起來的。

據考證，「爵士」是密西西比河流域人人皆知的一位黑人江湖音樂家的名字，他的全名叫爵士波‧布朗。相傳，他常在黑人居住區的咖啡館裡演奏，聽眾總是叫嚷道：「再來一個！爵士波！再來一個！爵士！」爵士音樂因而得名。

《藍色的多瑙河》

《藍色的多瑙河》是奧地利人約翰‧施特勞斯創作的一首樂曲。這首曲子來源於施特勞斯的一段矛盾的感情。

施特勞斯的妻子非常善良，既聰明又漂亮。後來，他在維也納認識了一位著名的女歌唱家，兩人經常在一起合作，漸漸地相互之間產生了愛慕之情。

有一天，他們打算離開維也納乘船沿著多瑙河去外地演出。臨走之前，他的妻子特意去拜訪了這位女歌唱家，說她擔心丈夫去外地生活起居不安定，委託女歌唱家照料好她的丈夫。女歌唱家被施特勞斯的妻子對丈夫

擁有真誠的愛所打動，便勸施特勞斯打消去外地演出的念頭，留在妻子身邊。

兩人長談以後，施特勞斯望著心愛的人乘坐的小船慢慢地遠去、消失。他獨自坐在多瑙河岸邊回憶、嚮往、興奮、悲傷，於是有感而發，創作出一曲聞名世界的、經久不衰的樂曲《藍色的多瑙河》。

《月光奏鳴曲》

《月光奏鳴曲》並不是貝多芬自己取的，他當時給這個14號作品取的標題是《幻想風的奏鳴曲》，但是今天很少人知道這件事。

在19世紀，德國詩人兼批評家雷爾斯塔聽了貝多芬的這首樂曲後，掩飾不住內心的激動心情，熱情稱頌作品的第一樂章使他聯想起瑞士莒蓿湖及那湖面上水波蕩漾的月光。

因為「月光」二字引起了聽眾普遍的共鳴，用「月光」來概括這首樂曲的音樂形象就迅速傳播開來。出版商為了賺錢，滿足聽眾的心理愛好，在出版的樂譜上正式印上了《月光奏鳴曲》的標題。從那以後，這個名字便流傳下來。

《搖籃曲》

舒伯特是19世紀著名的偉大作曲家，然而卻常常衣食無著。有一天，他實在是飢餓難耐，走進了維也納一家飯館，但身上卻沒帶一分錢。他的目光偶然落到桌子上的一份報紙上，那上面刊有一首小詩，他就配上樂曲，交給老闆，換了一份馬鈴薯吃。

舒伯特死後30年，這樂曲的手稿以40000法郎的高價在巴黎被拍賣，這就是舉世聞名的《搖籃曲》。

國際著名音樂節

奧爾德堡音樂節（Aldeburgh Festival），1948年以來每年在英國薩福克郡奧爾德堡舉行的音樂節。

拜魯伊特音樂節（Bayreuther Festspiele），1876年由德國作曲家R‧瓦格納創立。1951年以後定為每年的7月下旬到8月底定期舉行。

切爾騰漢姆音樂節（Cheltenham Festival），1945年成立。

愛丁堡音樂節（Edinburgh Festival），1947年為布魯諾‧瓦爾特與維也納愛樂樂團在二戰後重新合作而舉

辦的音樂節。

薩爾茨堡音樂節（Salzburger Festspiele），其前身為1877年在莫扎特的出生地奧地利的薩爾茨堡舉行的莫扎特音樂節，1922年後定期於每年7—8月舉行，並更名為現名。二戰時中斷，1946年又恢復，這是世界最著名的音樂節。

現代舞蹈之母

在20世紀初的歐美舞台上，一個身披薄如蟬翼的舞衣、赤腳跳舞的舞蹈家引起了極大的轟動。她的舞蹈是革命性的，與一直統治著西方舞壇的芭蕾舞大相逕庭，充滿了新鮮的創意。她，就是偉大的舞蹈家伊莎多拉‧鄧肯。

鄧肯憑其對舞蹈的意念，對原創性與自由的要求，以獨創一格的舞蹈，結合後來女性主義者強調的個人表達和婦女主張的社會責任於一身。

鄧肯認為女人是萬物之精華，是大地之母，她讚歎女人身體的精妙，為此創造了無與倫比的優雅的舞蹈，並找到了人體與音樂的最佳結合形式，成為「現代舞蹈之母」。

芭蕾舞

芭蕾是法文Ballet的音譯。1489年，在米蘭大公加裡阿諾和阿拉貢的公主伊薩貝爾結婚的喜宴上，出現了以詩歌、音樂、舞蹈三者相結合的新節目，穿著神話人物服裝的「眾神」載歌載舞地活躍在整個宴會上，充分施展了藝術家的才能，受到與會者的熱烈歡迎。

這種形式的表演藝術傳到法蘭西後，更是風靡一時。從此，這種形式的表演便被人們稱為「芭蕾」。

到了19世紀，芭蕾進入了它的「黃金時代」，並形成了義大利、法國、俄羅斯三大學派。《天鵝湖》、《吉賽爾》、《仙女》、《睡美人》、《胡桃夾子》等許多經典作品就是在這時產生的。

在當代，芭蕾和現代舞結合又賦予芭蕾以新的生命，產生了「現代芭蕾」。中國芭蕾歷史較短，大約是20世紀50年代從前蘇聯傳入的。

探戈舞

　　探戈舞，它的步伐剛勁有力，進退成直線。節奏頓挫有致，被稱為舞中之王。大約1880年，探戈舞由布宜諾斯艾利斯下層的居民跳的米隆加舞演變而來。到了20世紀初期，探戈舞才開始被社會公眾認可，1915年，這種舞風靡歐洲上層社會。

　　早期的探戈舞活潑歡快，到大約1920年，音樂和歌詞都變得憂鬱感傷，舞步也由原先的充滿活力變為平穩的交際舞步。如今探戈舞已成為阿根廷的標誌之一，和足球、烤肉列為本國人民的三大愛好。

世界戲劇、曲藝面面觀

超現實主義戲劇

　　西方現代戲劇流派之一。這一名稱源出於法國詩人、劇作家阿波利奈爾（1880~1918）1917年創作的劇本《蒂雷西亞的乳房》，劇作家在此劇劇名下標明：這是一部「兩幕及一序幕」的「超現實主義戲劇」。作為一個有理論綱領的獨立流派，它正式形成於1924年，以詩人、劇作家勃勒東（1896~1966）於當年發表的《超現實主義宣言》為標誌。

　　這一戲劇流派主要流行於20世紀20、30年代的法國，並曾廣泛影響到其他西方國家。

先鋒派戲劇

　　先鋒派戲劇，是指19世紀後期在西方興起的多種戲劇流派的總稱，包括象徵主義戲劇、未來主義戲劇、表

現主義戲劇、超現實主義戲劇、存在主義戲劇、荒誕派
戲劇等等，因其共同的反傳統戲劇理念而得名。一百多
年來，先鋒派戲劇與傳統戲劇兩大派別並肩發展，共同
構成了西方劇壇上豐富多彩、氣象萬千的藝術景象。

象徵主義戲劇

　　西方現代戲劇流派之一。作為一個文學流派，象徵
主義首先興起於詩歌。它的先驅者，可以追溯到法國詩
人波德萊爾，甚至美國作家愛倫・坡的詩歌理論與創
作。象徵主義後來從詩歌擴展到了戲劇，馬拉美沒有完
成的《海洛狄亞德》可說是象徵主義戲劇的先驅。地道
的象徵主義戲劇則肇始於比利時詩人梅特林，他被認為
是象徵主義戲劇的奠基人。

存在主義戲劇

　　現代戲劇流派之一。20世紀30年代末在法國興起，
40年代，尤其在戰後發展到頂峰。存在主義戲劇的思想
哲學基礎是廣泛流行於歐洲的存在主義學說。這一學說
認為人的存在先於人的本質；認為人有絕對的選擇自
由，但又並不具備理性的基礎；認為世界是荒誕的，人

生孤獨而沒有意義。存在主義哲學迎合了戰後西方人悲觀厭世、抑鬱苦悶的精神狀態，而存在主義戲劇正是傳播這種哲學的有力手段。

荒誕派戲劇

20世紀50年代興起於法國的反傳統戲劇流派。1950年法國劇作家尤奈斯庫的《禿頭歌女》問世，1953年貝克特又以劇作《等待戈多》轟動法國舞台，1961年英國批評家艾思林發表《荒誕戲劇》一書，將這類作品作了理論上的概括，並予正式命名。此後，荒誕派戲劇達到了成熟和全盛的階段。荒誕派戲劇家提倡純粹戲劇性、透過直喻把握世界，他們放棄了形象塑造與戲劇衝突，運用支離破碎的舞台直觀場景、奇特怪異的道具、顛三倒四的對話、混亂不堪的思維，表現現實的醜惡與恐怖、人生的痛苦與絕望，達到一種抽象的荒誕效果。

歌劇

歌劇源於16世紀末的義大利，以後逐漸在歐洲各地流行。1600年，法國國王亨利四世與佛羅倫薩著名的梅

迪奇家族的瑪麗婭‧梅迪奇結婚。為表示祝賀，伯里和卡西尼編排了歌劇在婚禮中演出。這就是世界上首次出現的歌劇。

17世紀上半葉，歌劇大師蒙特威爾第在歌劇創作上的發展和創新，使人的感情生活從教會和封建束縛中解放出來，也使歌劇的發展大大地向前跨了一步。到了17世紀末期，以亞‧斯卡拉蒂為代表的那不勒斯歌劇樂派，創立了完整的詠歎調和美聲藝術，這種義大利式的歌劇影響達100年之久。1945年間的《白毛女》是中國新歌劇成功的標誌。

埃皮達魯斯戲劇節

埃皮達弗羅斯古劇場建於西元前330年左右，是由著名建築師小波呂克勒托斯設計的，音響效果特別好，約能容納14000人。是保存至今最完整的古希臘劇場。

1955年埃皮達魯斯戲劇節誕生，國家劇院在這裡上演歐里庇得斯的悲劇《赫卡柏》，1956年第一次上演阿里斯托芬的喜劇《公民大會婦女》，也獲得成功。埃皮達魯斯戲劇節每年夏天舉辦。這個戲劇節已成為國際上重要的藝術活動之一。

世界戲劇日

　　1961年，國際戲劇機構（ITI）將每年的3月27日設立為世界戲劇日，並從1962年開始慶祝。每年的這一天，世界各地的劇院都會舉行各種活動以示紀念。每年於3月27日在ITI中心慶祝，以及國際戲劇社團。許多的國家及國際戲劇活動都在這天舉行同步慶祝。

　　其中最重要的是透過ITI發的邀請函傳達「世界戲劇節的國際文化信息」，由一位道德高尚的知名人物，針對主題為戲劇與和平的文化，發表個人感言。

世界三大古老戲劇

　　歷史上崑劇與古希臘戲劇和印度梵劇並稱為世界三大古老戲劇，但產生於西元前5世紀的古希臘戲劇和產生於西元2世紀的印度梵劇的劇場演出形式都早已絕跡，只有崑劇至今還完整地保留著舞台演出形式，充分顯示其具有頑強而旺盛的生命力，是中華傳統文化藝術寶庫中的瑰寶。

世界三大戲劇體系

斯坦尼斯拉夫斯基體系（蘇聯）、布萊希特體系（德國）、梅蘭芳體系（中國）

世界著名的歌劇院

拜羅伊特節日劇院（德國）

米蘭斯卡拉歌劇院（義大利）

維也納國家歌劇院（奧地利）

紐約大都會歌劇院（美國）

柏林德國國家歌劇院（德國）

威尼斯鳳凰劇院（義大利）

柏林德國歌劇院（德國）

倫敦科文特花園皇家歌劇院（英國）

德勒斯登國家歌劇院（德國）

莫斯科大劇院（俄羅斯）

維也納露天劇場（義大利）

法爾內塞劇院（義大利）

科隆大劇院（阿根廷）

布拉格民族劇院（捷克）

敖德薩國立歌舞劇院（烏克蘭）

悉尼歌劇院（澳大利亞）

巴黎巴土底歌劇院（法國）

百老匯劇院（美國）

都柏林阿比劇院（愛爾蘭）

莫斯科小劇院（俄羅斯）

雅典酒神劇場（希臘）

中國劇院（中國）

世界十大歌劇

《蝴蝶夫人》、《藝術家的生涯》、《托斯卡》、《魔笛》、《茶花女》、《奧賽羅》、《費加羅的婚禮》、《塞維利亞理髮師》、《弄臣》、《卡門》。

英國戲劇之父

莎士比亞（1564～1616）每年4月23日是莎士比亞的辭世紀念日，1995年被聯合國教科文組織定為「世界讀書日」。

英國文藝復興時期傑出的戲劇家和詩人，代表作有

四大悲劇：《哈姆雷特》，《奧賽羅》，《李爾王》，《麥克白》；喜劇《威尼斯商人》《無事生非》等。還寫過154首十四行詩，三或四首長詩。他是「英國戲劇之父」，班‧瓊斯稱他為「時代的靈魂」，馬克思稱他為「人類最偉大的天才之一」。被賦予了「人類文學奧林匹斯山上的宙斯」。

古希臘的四位著名戲劇家

埃斯庫羅斯、索福克勒斯、歐里庇得斯、阿里斯托芬。

世界影視面面觀

好萊塢

好萊塢（Hollywood），本意上是一個地名的概念，港譯「荷里活」，位於美國加利福尼亞州洛杉磯市市區西北郊，是洛杉磯的鄰近地區。但由於當地發達的娛樂工業，現「好萊塢」一詞往往直接用來指美國加州南部的電影工業。不過電影製片廠分佈的範圍早已不侷限在好萊塢一隅，好萊塢與其周邊的伯班克等市共同構成了美國影視工業的中心地區。

好萊塢市內有不少數十年歷史的老電影院，通常被用作電影首映式或舉行奧斯卡獎頒典禮的場所。

百老匯

百老匯是紐約曼哈頓區一條大街的名稱，其中段一直是美國商業性戲劇娛樂中心，因而百老匯這一詞彙已

成為美國戲劇活動的同義語。世界上還沒有一條街道像百老匯大道（Broadway）那樣使人充滿幻想。而今百老匯大道是美國現代歌舞藝術、美國娛樂業的代名詞。每年，都有幾百萬的來自世界各地的遊客到紐約欣賞百老匯的歌舞劇。

百老匯大道英文直譯為「寬街」。這條大道早在1811年紐約市進行城市規劃之前就已存在，其中心地帶是在第42街「時代廣場」附近，周圍雲集了幾十家劇院。

世界著名電影節

美國奧斯卡電影金像獎（Academy Awards）

歐洲電影獎（European Film Awards）

英國電影學院獎（British Academy Awards）

威尼斯國際電影節（Venice International Film Festival）

聖丹斯國際電影節（Sundance Independant Film Festval）

日本東京國際電影節（Tokyo International Film Festival）

柏林國際電影節（Berlin International Film Festival）

坎城電影節（Festival de Cannes）

法國凱撒獎（Cesar Awards）

美國電影金球獎（Golden Globes）

美國電影學會獎（AFI Awards）

美國影評人協會獎（National Societyof Film Critics Awards）

美國國家評論協會獎（National Boardof Review Awards）

美國洛杉磯影評人協會獎（Los Angels Film Critics Association Awards）

美國紐約影評人協會獎（New York Film Critics Circle Awards）

美國芝加哥影評人協會獎（Chicago Film Critics Circle Awards）

美國獨立精神獎（Independent Spirit Awards）

Internet電影獎（internet movie awards）

日本《電影旬報》電影獎（キネマ旬報ベスト・テン）

威尼斯國際電影節

　　世界上第一個國際電影節。號稱「國際電影節之父」。1932年8月6日在義大利的名城威尼斯創辦。主要目的在於提高電影藝術水平。1934年舉辦第2屆後每年8月底至9月初舉行一次，為期兩周。1943～1945年因第二次世界大戰一度停辦。大戰結束後於1946年恢復舉行。1932年至1942年，獎項分為最佳故事片、紀錄片、短片、義大利影片、外國影片，以及最佳導演、編劇、男女演員、攝影、音樂等獎。此外，還有特別獎、綜合獎、「墨索里尼杯」、「雙年節杯」等。1946年至1948年，取消了「墨索里尼杯」。1949年增設「聖馬克金獅獎」、「聖馬克銀獅獎」、「聖馬克銅獅獎」等。

坎城國際電影節

　　亦譯作康城或戛納電影節，世界最大、最重要的電影節之一。1946年9月20日在法國南部旅遊勝地坎城舉辦了首屆電影節。自創辦以來，除1948年、1950年停辦和1968年中途停斷外，每年舉行一次，為期兩周左右。原來每年9月舉行。1951年起，為了在時間上爭取早於

威尼斯國際電影節，改在5月舉行。

1956年最高獎為「金鴨獎」，1957年起改為「金棕櫚獎」，分別授予最佳故事片、紀錄片、科教片、美術片等。此外，歷年來還先後頒發過愛情心理電影、冒險偵探電影、音樂電影、傳記片、娛樂片、處女作、導演、男女演員、編劇、攝影、剪輯等獎。

奧斯卡金像獎

「奧斯卡金像獎」的正式名稱是「電影藝術與科學學院獎」，1927年設立，每年一次在美國洛杉磯舉行。半個多世紀來一直享有盛譽。它不僅反映美國電影藝術的發展進程而且對世界許多國家的電影藝術有著不可忽視的影響。

1927年5月，美國電影界知名人士在好萊塢發起組織一個「非贏利組織」，定名為電影藝術與科學學院。它的宗旨是促進電影藝術和技術的進步。學院決定對優秀電影工作者的突出成就給予表彰，創立了「電影藝術與科學學院獎」，1931年後「學院獎」逐漸被其通俗叫法「奧斯卡金像獎」所代替，現在其正式名稱已鮮為人知。

艾美獎

　　「艾美獎」其實是由兩個獎構成的。我們通常說的「艾美獎」是指黃金時段節目艾美獎，由總部位於洛杉磯的電視藝術與科學學院頒發。此外還有一個日間節目艾美獎，由總部位於紐約的國家電視藝術與科學學院頒發。

　　電視藝術與科學學院於1946年成立，並在1949年首次頒發艾美獎。路易斯・邁克馬努斯以自己的妻子為模特設計了艾美獎座。最初的時候這個獎的名字叫「伊米獎」，也叫EMMY。是早期攝像機的重要部件的綽號。在第一屆頒獎禮開始之前，由於獎座充滿女性色彩，學院決定改名為「艾美獎」，這個名字一直沿用至今。

寬銀幕

　　電影產生的初期，通用的銀幕高寬之比是16：22，電影界稱之為標準銀幕。

　　1953年，「西尼瑪斯珂普」系統的寬銀幕系統問世。這種影片在拍攝時同樣使用一條35毫米的電影膠片，但攝影鏡頭的光學系統是變形的，人和物都變成了

瘦長瘦長的，而在放映時，只要在普通的放映機鏡頭前再加一變形鏡頭（還原鏡頭），人和物就會恢復原狀，而形成了比標準畫面寬得多的寬闊畫面。電影界稱之為「真寬銀幕」影片。

後來，又出現了一種不用變形鏡頭，而只簡單地將標準畫面的高度壓縮一些，使畫面的高寬比例有所改變，因此叫做「遮幅式寬銀幕」影片，電影界稱之為「假寬銀幕」影片。此後，人們又將「假」字去掉，直接稱之為寬銀幕了。

世界第一部電影

1895年12月28日是人類歷史上值得紀念的一天。這一天，在巴黎卡普辛路14號大咖啡館的地下室，盧米埃爾兄弟公開售票放映了自己製作的影片《工廠大門》。內容是：清晨，工廠的大門慢慢地推開了，女工們穿著不同花紋的衣裙，軟邊的帽子上插著千姿百態的羽毛。三五成群說說笑笑地進入大門；男工們穿著敞懷的夾克衫，推著自行車，也漫不經心地走進工廠……

立體電影

世界上最早的立體電影是《愛的力量》，是由美國帕費克特‧皮克丘斯公司在1922年拍攝的。為了獲得立體感，放映時，觀眾必須戴上裝有紅色和綠色鏡片的眼鏡。

1945年至1946年，在黑海沿岸，前蘇聯拍攝的《魯濱孫漂流記》是世界上第一部彩色有聲立體電影，這部電影由安德烈耶夫斯基導演，1947年2月在莫斯科舉行首映。放映時，觀眾感到貓是從人的頭頂上走過去，消失在電影廳的後面了。

冗長不堪的電影名稱

冗長繁複的電影片名會讓人讀完後累得長出一口氣，但仍莫名其妙只有一種模糊的感覺，如：英國片《當你告訴我你愛我時，我為什麼要相信你，因為你我早已知道你一輩子都在騙人》、《這些在飛行器裡的了不起的男人們；可是，我怎麼才能花25小時10分鐘的時間從倫敦飛往巴黎呢》；美國片《在西庫利亞娜城，兩個男人為一個寡婦發生的流血事件引起了政治風波。愛

情，死亡，美國的魯加娜、塔蘭泰拉、塔拉魯奇亞是酒》，這最後一個名字在傳播到歐洲時片名被譯作《復仇》，多麼簡單明瞭！

蒙太奇

蒙太奇是法語mowtqge的音譯，原意是「構成」和「裝配」。影視劇作借用這個詞是「剪輯」、「組合」的意思。

導演為了在影片中產生對比、懸念等藝術效果，常常有意識地把單獨看來是毫無聯繫的鏡頭連接在一起，反映特定的生活內容，這種表現方法就是「蒙太奇」。

比如，一個鏡頭是火車飛駛，要駛向斷裂的大橋，而緊接著一個鏡頭是一個牛仔騎馬飛奔，想追上火車讓它停下來。兩個鏡頭畫面交替放映，使人十分緊張，這就是「蒙太奇」手法。

特技攝影

特技攝影手法是由法國的著名電影大師C・梅里愛發明的。一天，他在巴黎一條街上拍電影，當他正在拍

攝一輛行駛的公共汽車時，攝影機出了問題。這時，遠
處正好開來一輛靈車，當時梅裡愛沒有看到靈車來去，
只顧修理機器，然後又馬上繼續拍攝。

結果沒有想到，在放映這段影片時卻出現了一串十
分奇怪的鏡頭：走著走著的公共汽車，忽然變成了一輛
裝死人的靈車。

這引起了梅里愛的思考。不久，他又在開始注意攝
影機的速度，結果又創造出了「快動作」和「慢動作」
的奇蹟，也就是目前「變速攝影法」的先驅。這樣，特
技攝影就這樣產生了。

畫外音

20世紀30年代，馬摩里安在拍攝《街頭慘案》的片
子時，為了要清晰地把角色的內心活動「和盤托出」，
產生了把角色的思想、心理活動和回憶變成可以聽見的
聲音的想法，在實踐這一設想的同時運用特寫鏡頭加以
突出表現。

拍攝時，他讓演員只表演揭示其內心感情活動的外
在形體動作，攝影機則拍下演員的特寫鏡頭，另一位演
員則以「旁白」的形式充當角色的「思想代言人」，也
就是今天常見的「畫外音」，off-screen，即「OS」。

特寫鏡頭

特寫鏡頭出現在19世紀末20世紀初。1893年2月2日，在美國新澤西州西奧蘭治新建愛迪生電影製片廠，威廉・迪克遜拍攝了《弗雷德・奧特的噴嚏》一片中的弗雷德・奧特打噴嚏的鏡頭。這是世界上最早的特寫鏡頭。

世界上最早在中景鏡頭中使用了特寫鏡頭是1900年英國聖奧爾邦斯的阿薩・梅爾巴恩・庫帕拍攝的《老奶奶相面用的凸鏡》，該片描寫了一個孩子拿著老奶奶相面用的凸鏡，去看手錶、報紙、金絲雀、小貓、老奶奶的眼珠等情景，十分有趣。

肥皂劇

肥皂劇源於西方，現在一般指的是家庭婦女一邊做家務，一邊心不在焉地收看的囉哩囉嗦講述家長裡短的長篇連續劇。

它作為西方社會大眾文化的重要內容，早已經引起了越來越多研究者的興趣。因最初常在播放過程中插播肥皂等生活用品廣告，故稱「肥皂劇」。

在英美等西方發達國家，每週都會有固定的播出時間給幾部持續幾年甚至數十年的肥皂劇《六人行》，《慾望城市》等等，欣賞的觀眾層次也由最先的家庭主婦擴充到「雅痞士」（西方城市職業階層中的年輕人士）階層。

電影「喜劇大師」

查理·卓別林一世界電影史上最偉大的喜劇大師！他頭頂破禮帽、腳蹬大頭鞋、手執細手杖，腳邁企鵝步的形象在世界廣為傳播。他精湛的技巧、滑稽的表演為一代又一代的觀眾帶來了無盡的歡樂。

卓別林是電影史上幾乎無人能比的一位奇才、全才，他自演自編自導，有時候還自己創作原聲音樂等，他在他的幽默裡注入了人生的辛酸，注入了深刻的批判精神，雖然缺乏幽默感的奧斯卡評委始終沒有給他頒發最佳導演獎、編劇獎或男主角獎之類，但全世界觀眾一次次被他的表演折服，他的許多電影都達到了家喻戶曉的程度！

動畫片的由來

1906年，美國紐約比塔格拉夫公司委託詹姆斯·斯圖瓦特·布拉克頓拍攝了世界上首部動畫片，取名為《奇怪的臉》。

1916年，美國紐約布雷伊·皮克丘亞茲公司拍攝了世界上第一部天然色動畫電影《托馬斯·卡特首次登台》。1918年8月15日，在美國公演的《魯西塔尼亞號的沉沒》是世界上最早的長篇動畫故事片。1928年9月19日，由沃特·迪斯尼公司攝制的動畫片《汽船維利》是世界上最早的有聲動畫片電影。

米老鼠

「米老鼠」誕生在1928年，首先出現在世界第一部有聲動畫片《輪船威利》中。這個「米老鼠」的形象，是沃特·迪斯尼在火車上偶然想到的，並給它起名叫「莫梯默爾」。但他的太太莉蓮覺得這名字華而不實，就取名叫它「米老鼠」，結果一炮打響。

幾十年來，「米老鼠」擔當過各種不同角色，從牧童到發明家，從偵探到管道工，從消防隊員到能打敗強大對手的鬥士……1932年，它還獲得了奧斯卡金像獎。

唐老鴨

　　「唐老鴨」是美國好萊塢迪斯尼動畫片中與米老鼠齊名的一個角色，它的配音者是美國一位名叫克拉倫斯·納什的藝術家。

　　一天，納什在前往推銷牛奶的路上，來到經常路過的沃爾特迪斯尼動畫片製片廠攝影棚，自薦可單口表演百鳥大合唱。一位導演讓他即席模仿鴨子的聲音說話。納什做了表演，導演喜出望外地說道：「這不就是我們尋找已久的鴨子嘛。」

　　從那以後，納什開始了他在迪斯尼動畫片中的藝術生涯。1934年6月9日，迪斯尼放映了一部名為《聰明的小母雞》的動畫片，片中首次出現了一隻身穿破爛水兵服、跳著號笛舞（英國水兵跳的一種活潑的民間舞）的鴨子形象，由納什為其配音，這就是後來聞名世界的「唐老鴨」。

電視機

　　人們通常把1925年10月2日蘇格蘭人約翰·洛吉·貝爾德（John Logie Baird）在倫敦的一次實驗中「掃

瞄」出木偶的圖像看做是電視誕生的標誌，他被稱做「電視之父」。但是，這種看法是有爭議的。因為，也是在那一年，美國人斯福羅金在西屋公司向他的老闆展示了他的電視系統。

美國RCA1939年推出世界上第一台黑白電視機，到1953年設定全美彩電標準以及1954年推出RCA彩色電視機。

好萊塢十大著名導演與代表

史蒂芬・史匹柏

《大白鯊》、《奪寶奇兵》、《ET外星人》、《回到未來》、《侏羅紀公園》、《辛德勒的名單》、《龍捲風》、《拯救雷恩大兵》

詹姆斯・卡麥隆

《魔鬼終結者2》、《魔鬼大帝：真實謊言》、《鐵達尼號》《阿凡達》

喬治・盧卡斯

《星球大戰》、《星球大戰前傳》

羅恩・霍華德

《阿波羅13號》、《聖誕怪傑》

馬丁‧史柯西斯

　　《窮街陋巷》《出租車司機》、《憤怒的公牛》、《金錢本色》、《恐怖角》

蒂姆‧伯頓

　　《蝙蝠俠》、《剪刀手愛德華》

吳宇森

　　《終極標靶》、《英雄本色》、《斷箭》、《變臉》、《碟中諜Ⅱ》

雷德里‧斯科特

　　《異形》、《末路狂花》、《角鬥士》

羅伯特‧澤米斯基

　　《誰陷害了兔子羅傑》、《阿甘正傳》

米歇爾‧貝

　　《壞小子》、《石破天驚》、《珍珠港》

6 世界教育面面觀

聯合國教科文組織

聯合國教育、科學及文化組織屬聯合國專門機構，簡稱聯合國教科文組織。

1945年11月16日在倫敦通過《聯合國教育、科學及文化組織法》。1946年11月4日在巴黎宣告正式成立。簡稱「教科文組織」。宗旨：「透過教育、科學及文化促進各國間合作，對和平與安全作出貢獻，以增進對正義、法制及聯合國憲章所確認之世界人民不分種族、性別、語言或宗教均享人權與基本自由之普遍尊重。」

聯合國兒童基金會

聯合國兒童基金會原名聯合國國際兒童緊急救助基金會，於1946年12月11日創建，其目的是滿足戰後歐洲與中國兒童的緊急需求。1950年起，它的工作擴展到滿

足全球所有發展中國家兒童和母親的長期需求。

　　1953年，UNICEF成為聯合國系統的永久成員，隸屬聯合國系統，受聯合國大會的委託，致力於實現全球各國兒童的生存、發展、受保護和參與的權利。

大學

　　第一所大學是9世紀建立在義大利索勒諾的一所醫校，於1231年改為大學。12世紀末，義大利的巴隆那成立了一所多方面的大學，在這所大學裡教法律、醫學、藝術，以及神學。

　　中古時代最著名的高等學校是巴黎大學，正式組成於12世紀後半期。巴黎大學成為歐洲許多大學的模範。英國的牛津大學和劍橋大學，美國的哈佛大學，都是在以巴黎大學為藍圖而創立的。

學位

　　學位制度起源於中世紀的歐洲。1130年，義大利的波倫那大學首次授予一位研究古羅馬法的學者以博士學位，不久又出現了碩士的稱號。博士為學位的第一級，碩士為第二級。

約13世紀初，法國巴黎大學才首創學士制，作為學位的最低一級。法國最初的學士稱號是大學「錄取學生」的同義詞。但英國的學士學位是作為大學畢業成績良好的一個憑證。後來世界上很多國家都採用英國授予學士學位的方法，一直沿用至今。

學分制

學分制是以學分為計算學生學習份量的單位，學生只有讀滿一定數量的學分，方能畢業。

學分制是在選課制發展的基礎上產生的。18世紀末，由於科學技術的迅速發展，高等學校的傳統課程設置已不能滿足科技和生產的需要。學校必須增設新科學技術課程。

因此，課程體系變得越來越大，使得學生在一定年限內，已不可能全部修完這些課程，只能就一定的專業或學科範圍內修習其中部分的必修課程，因此產生了選課制。

最早實行選課制是德國，而這種制度普及和改進則是在美國。

學銜

　　學銜制早於學位制。在中世紀歐洲的一些大學中，教師分為教授、講師、助教三級。

　　學銜與學位兩者的關係，世界上從來沒有過統一的標準，都是各國根據各自的具體情況制定的。

MBA

　　工商管理碩士MBA是英文Master of Business Administration的縮寫。MBA是一種專門培養中高級職業經理人員的專業碩士學位。MBA是市場經濟的產物，培養的是高素質的管理人員、職業經理人和創業者。

　　MBA教育起源於美國。一般認為，美國最早的管理學院是1881年在美國賓夕法尼亞州大學設立的The Wharton School of financeand Economics；而工商管理碩士培訓計劃（MBA Program）要晚些，誕生於哈佛大學。

留學生

「留學生」這個名稱最早是由日本人發明的。其由來要追溯到唐代。中國唐代經濟文化都相當發達，日本政府為了汲取中國的先進文化，曾多次派遣唐使來中國。

遣唐使因是外交使節，不能在中國停留時間太長。日本政府便想出各種辦法，一是派遣一些在遣唐使回國時也與他們一同回國的學生，當時稱之為「還學生」；一是派遣一部分在遣唐使回國後仍繼續留在中國學習的學生，這部分人就叫「留學生」。以後，「留學生」一詞也在中國被沿用下來。

哲學

「哲學」一詞，由希臘哲學家畢達哥拉斯提出，是Philos和Sophia這兩個詞的組合。前者意為愛，後者意為智慧。

19世紀70年代該詞傳入日本，起初有譯為「愛知」的，後來日本學者西周借用中國古漢語譯其為「哲學」，1896年前後，康有為等人將這一譯名傳入中國。

沙文主義

「沙文主義」一詞緣於法國拿破崙手下的一名士兵尼古拉・沙文，他由於獲得軍功章，對拿破崙感恩戴德，對拿破崙以軍事力量征服其他民族的侵略政策狂熱崇拜。鼓吹法蘭西民族是世界上「最優秀」的民族，主張用暴力建立大法蘭西帝國而得名。沙文主義鼓吹本民族的利益高於一切，鄙視和排斥其他民族，煽動民族仇恨，主張征服和奴役其他民族，因而成為侵略性的、極端反動的民族主義。

烏托邦

源出希臘文ou（無）和topos（處所），意即「烏有之鄉」。1516年，英國空想社會主義者莫爾在其《烏托邦》一書中，描述了一個他所憧憬的美好社會，即烏托邦。那裡一切生產資料均歸全民所有，生活用品則按需分配；人人都從事生產勞動，並有充足的時間供科學研究和娛樂；那裡沒有酒店妓院，也沒有墮落和罪惡……故此詞喻指根本無法實現的理想或空想的美好社會。

算術

西元3世紀，亞歷山大科學院的丟番圖綜合整理了當時人們在數字方面的經驗知識，彙編成《算術》一書。1202年，生於比薩的義大利數學家萊昂納多發表《算經》一書，將阿拉伯筆算法引入西方。到了16世紀，經過阿拉伯人修正的丟番圖的《算術》又傳回西方。這部著作於1621年印刷出版，它標誌著西方數學發展的新起點。

在中國，秦漢時就有算術專著《九章算術》了，並且中國古人在勾股定理、π值計算方面都要領先於西方。

代數的由來

西元852年，花剌子模數學家和天文學家阿爾·花剌子模寫了一本有影響的代數教科書。它的阿拉伯文書名是《aljabr Wa1 muqabalah》，意思是「結集一些未知數使之與已知數匹配的技術」，其中的「aljabr」（結集）一詞，後來逐漸演變為拉丁文algebra。英文的「代數學」一詞也是algebra，是從拉丁文吸收去的。

清朝末年，有人翻譯西方代數書時，按音譯為「阿

爾熱巴拉算法」。1859年，清代的翻譯家和數學家李善
蘭（1811～1882年）在翻譯西方數學著作時，第一次把
「algebra」譯為「代數學」。從此，「代數」這個名詞
便一直在中國沿用下來。

幾何學

「幾何學」源於古代埃及。據說，埃及人在實踐中
發現，畫一個邊長比例為3.4.5的三角形，與長度為5的
邊相對的角是直角，並且利用這個方法在地面上劃出了
直角。

後來，巴比倫人也知道了這個方法，並且發現，在
三條邊長的比例為5.12.13的三角形中，與長度是13的邊
相對的角是直角。西元前5世紀，年輕的希臘人畢達哥
拉斯發現了眾所周知的畢達哥拉斯定理，也就是中國古
時候所發現的勾股定理。

大約西元前300年，古希臘數學家歐幾里德總結和
整理了前人積累的測地學知識，創造性地編成了著名的
幾何學經典著作—《幾何原本》。

《幾何原本》

　　這本書是世界上最著名、最完整而且流傳最廣的數學著作，也是歐幾里德最有價值的一部著作。在《幾何原本》裡，歐幾里德系統地總結了古代勞動人民和學者們在實踐和思考中獲得的幾何知識，歐幾里德把人們公認的一些事實列成定義和公理，以形式邏輯的方法，用這些定義和公理來研究各種幾何圖形的性質，從而建立了一套從公理、定義出發，論證命題得到定理得幾何學論證方法，形成了一個嚴密的邏輯體系──幾何學。

常用數學符號

　　「＋」：是15世紀德國數學家魏德美所創。在橫線上加一豎，表示增加的意思。

　　「－」：亦是魏德美創造。在加號上減去一豎，表示減少。

　　「×」：是18世紀美國數學家歐德萊首先使用。乘是增加的另一種表示方法，所以將「＋」號斜了過來。

　　「÷」：是18世紀瑞士人哈納所創。意思是表示分界，所以用一橫線把兩個點分開。

「＝」：是16世紀英國學者列科爾德發明。他認為世界上只有用這兩條平行而又相等的直線符號來表示等值最為恰當。

「米」的由來

長度單位「米」是1791年由法國科學家以地球經線的四千萬分之一作為通用長度單位確定下來的。當今「米」作為長度單位，已在國際上廣泛應用。

「碼」的由來

「碼」是英制長度單位，有將近900年歷史了。由英王亨利一世規定的。一天，亨利一世坐在寶座上，伸直手臂，蹺起大拇指，對大臣們說：「看見沒有，從我的鼻尖到大拇指的距離，就以此作為基本長度單位。」從那以後，「碼」作為長度單位一直沿用至今。據測算，1碼等於0.9144米。

博物館

西元前4世紀，馬其頓的亞歷山大大帝在建立地跨歐亞非大帝國的軍事行動中，把搜集和掠奪來的許多珍貴的藝術品和稀有古物交給他的教師亞里士多德整理研究，亞里士多德曾利用這些文化遺產進行教學，傳播知識。

亞歷山大去世後，他的部下托勒密・索托建立了新的王朝，繼續南征北戰，收集來更多的藝術品。西元前三世紀托勒密・索托在埃及的亞歷山大城創建了一座專門收藏文化珍品的繆斯神廟。這座「繆斯神廟」，被公認為是人類歷史上最早的「博物館」。博物館一詞，也就由希臘文的「繆斯」演變而來。

圖書館

早在西元前3000年時，巴比倫的神廟中就收藏有刻在膠泥板上的各類記載。最早的圖書館是希臘神廟的藏書之所和附屬於希臘哲學書院（西元前４世紀）的藏書之所。

中國的圖書館歷史悠久。只是起初並不稱作「圖書

館」，而是稱為「府」、「閣」、「觀」、「台」、「殿」、「院」、「堂」、「齋」、「樓」罷了。如西周的盟府、兩漢的石渠閣、東觀和蘭台、隋朝的觀文殿、宋朝的崇文院、明代的澹生堂、清朝的四庫全書七閣等等。「圖書館」是一個外來語，於19世紀末從日本傳到中國。

世界著名的數學家

　　泰勒斯、畢達哥拉斯、芝諾、柏拉圖、歐多克索斯、歐幾里得、阿基米得、阿波羅尼奧斯、希帕霍斯、海倫、丟番圖、劉徽、帕波斯、希帕蒂婭、祖沖之、博伊西斯、阿耶波多、婆羅摩笈多、花剌子模、馬哈維拉。

體育獎盃

　　體育獎盃是由一種叫「愛杯」的大酒杯演變而來的。1000多年前，英王愛德華出征歸來，騎在馬上接受別人敬獻的一杯祝酒，正當他仰首痛飲時，被刺客從背後猛刺一刀，墜馬身亡。此後，英國人凡是舉行各種宴會，主人便用一個大酒杯盛滿美酒，在客人中依次傳遞，輪流啜飲。

　　每當一位客人起立接過大酒杯時，臨近左右的兩位也必須陪同站起，以示保護，免使飲酒者重蹈英王愛德華之覆轍。

　　隨著體育運動的蓬勃發展和人們對體育競賽興趣的日漸高漲，人們又將「愛杯」作為獎品贈送給體育競賽中的優勝者，以示祝賀。

　　這種方式一直流傳至今，而且現代的獎盃仍保留著當年「愛杯」的遺痕一形似大酒杯，多數帶有兩個長長的耳朵，並且在稱呼上都帶有一個「杯」字。

裁判哨子的由來

1875年，在倫敦舉行的一場足球賽中，發生了一場球賽事故。雙方隊員為一個得分球是否有效，爭論不休，直至動了拳頭。此時，觀眾們出於偏愛，參與了爭議。瞬時，球場亂成一團。

擔任這場球賽的裁判員，是一位名叫約翰的警察。他目擊現場紛亂不堪的場景，情不自禁地掏出了口袋裡的警笛，使勁地吹了起來。不料，這一吹竟收到了意想不到的效果，參與鬧事的觀眾認為這觸犯了警察，便紛紛退回了原席，球場秩序馬上安定下來。從那以後，哨音取代了裁判中的吆喝和手勢，成為裁判執法的重要工具。

斯韋思林杯

乒乓球男子團體冠軍杯——斯韋思林杯。

1926年12月，在首任國際乒聯主席伊沃·蒙塔古的母親斯韋思林夫人的圖書館舉行了第一次國際乒聯全體會議，此次錦標賽的贊助人，斯韋思林夫人捐贈了一隻大獎盃，名為「斯韋思林杯」，作為男子團體賽的優勝獎盃。該獎盃是從蒙塔古家存放銀器的倉庫裡選出來的。

考比倫杯

乒乓球女子團體冠軍杯——考比倫杯

從1934年第8屆世界乒乓球錦標賽開始，增設女子團體賽項目。這屆比賽在法國巴黎舉行，主辦國法國乒協主席馬賽耳·考比倫先生捐贈了以他的名字命名的獎盃，作為女子團體賽的優勝獎盃。

湯姆斯杯

湯姆斯杯羽毛球賽是世界上最高水準的男子羽毛球團體賽，就是世界男子羽毛球團體錦標賽，由原國際羽聯創辦於1948年。每兩年舉辦一次。

1934年國際羽聯成立時，英國人喬治·湯姆斯被選為主席。5年後，湯姆斯在國際羽聯會議上提出，組織世界性男子團體比賽的時機已成熟，並表示將為這一比賽捐贈一個獎盃，稱為「湯姆斯杯」。

體育比賽的分類

體育比賽的種類很多，有錦標賽、杯賽、邀請賽、等級賽、聯賽、通訊賽、選拔賽、表演賽、及格賽、對抗賽、埠際賽以及綜合性的運動會等。這些比賽有定期舉行的，也有不定期舉行的，規模大小也各不相同。

奧運會

西元前776年，希臘人規定每4年在奧林匹亞舉辦一次運動會。同年，希臘舉行了第一屆奧運會，多利亞人克洛斯在192.27米短跑比賽中取得冠軍。他成為奧林匹克運動會榮獲第一個項目的第一個桂冠的第一個人。

1875至1881年，德國庫蒂烏斯等人在奧林匹克遺址發掘了大量出土文物，引起了全世界的興趣。為此，法國教育家皮埃爾‧德‧顧拜旦認為，恢復古希臘奧運會的傳統，對促進國際體育運動的發展有著十分重大的意義。

在他的倡導與積極奔走下，1894年6月，在巴黎舉行了第一次國際體育大會。國際體育大會決定把世界性的綜合體育運動會叫做奧林匹克運動會，並於1896年4

月在希臘首都雅典舉行第一屆現代奧運會，以後奧運會每隔4年舉行一次，輪流在各會員國舉行。

亞運會

亞洲運動會，簡稱「亞運會」，是亞洲地區的綜合性運動競賽會，也是亞洲體壇最大的盛會，由亞洲運動聯合會的成員國輪流主辦，每4年舉行一次。

亞運會的前身是遠東運動會，1911年由菲律賓體育協會發起組織每兩年舉辦一次，輪流在菲律賓的馬尼拉、中國的上海和日本的大阪舉行。先後共舉行了10屆，1937年因世界大戰爆發而中止。1948年，參加世界奧林匹克運動會的亞洲體育界人士協商，倡議重新恢復遠東運動會，並擴大規模，改稱亞洲運動會，每四年舉辦一次，時間正好與奧運會錯開。

奧運會會歌

1896年4月6日，一曲優美莊嚴的古典管絃樂曲響起在第一屆奧運會開幕典禮上，這支樂曲就是由希臘人塞瑪拉斯作曲，派勒瑪作詞，當時被人們稱為「奧林匹克

聖歌」的曲子。1950年以後，有人建議另作新曲，但幾經嘗試，都不如原有的好。於是，1958年國際奧委會在東京召開會議時，確認第一屆演奏的管絃樂為永久的「奧林匹克會歌」。

奧運會火炬

奧運會的火炬儀式，已經有2700多年的歷史。相傳，古希臘的奧林匹亞山是眾神的棲息之地，當地人們為求風調雨順，五穀豐登，每隔4年就要祭祀一次眾神。

在聖地奧林匹亞祭祀時，人們還要進行短跑競賽活動。哪個運動員首先從祭司手中接過火把，把火神普羅米修斯前祭壇上的聖火點燃，他就是勝利者。他還將被視為英雄而受到人們的尊敬。

奧運會會旗

奧運會會旗是一個有五個圓環的白色無邊旗，五環相套，自左至右為藍、黃、黑、綠、紅五種顏色。奧運會會旗是根據顧拜旦男爵的建議和構思製作成的。

1914年7月，會旗首次出現在巴黎慶祝奧運會成立

20週年的大會上。1920年，比利時奧委會把一面繡有五環的綢緞會旗贈送給國際奧運會，並在安特衛普奧運會的開幕式上升起來。

在每屆奧運會開幕時，上屆奧運會城市代表將這面旗移交給該屆奧運會城市市長，但從第23屆奧運會上，會旗是在閉幕式上交給下屆奧運會主辦城市的。

奧運會會徽

奧運會的主要標誌是五個相套的、不同顏色的圓環。對奧運會五個圓環的含義，曾有一種比較流行的解釋，即每一個環的顏色代表一個大洲。1979年6月國際奧委會出版的《奧林匹克雜誌》第140期指出，這種說法是錯誤的。

根據奧林匹克憲章，五環的含義是象徵五大洲的團結以及全世界的運動員以公正、坦率的比賽和友好的精神在奧林匹克運動會上相見。

奧林匹克的分類

　　夏季奧運會、冬季奧運會、殘疾人奧運會、世界國際象棋奧林匹克團體錦標賽、奧林匹克橋牌錦標賽、奧林匹克補充賽。

歷屆奧運會一覽

　　第一屆：1896年4月6日～4月15日在希臘雅典大理石體育場舉行。

　　第二屆：1900年5月20日～10月28日在法國巴黎舉行。

　　第三屆：1904年7月1日～11月23日在美國聖路易斯華盛頓大學舉行。

　　第四屆：1908年4月27日～10月31日在英國倫敦白城體育場舉行。

　　第五屆：1912年5月5日～7月27日在瑞典德斯德哥爾摩舉行。

　　第六屆：原定於1916年在德國柏林舉行，因第一次世界大戰而停辦，但按古希臘文化傳統奧運會的屆數照算。

　　第七屆：1920年4月20日～9月12日在比利時安特衛

普舉行，也是奧運會旗第一次在奧運會場上升起。

第八屆：1924年5月3日～7月27日在法國首都巴黎舉行。

第九屆：1928年5月17日～8月12日在荷蘭首都阿姆斯特丹舉行。

第十屆：1932 年7月30日～ 1932年8月14日在美國洛杉磯舉行。

第十一屆：1936年8月1日～8月16日在德國柏林舉行。

第十二屆：因第二次世界大戰的爆發，而未能舉行。

第十三屆：因第二次世界大戰正在激烈進行，而作罷。

第十四屆：1948年7月29日～8月14日在英國的倫敦舉行。

第十五屆：1952年7月19日～8月3日在芬蘭首都赫爾辛基舉行。

第十六屆：1956年11月22日～12月8日在澳大利亞墨爾本舉行。

第十七屆：1960年8月25日～9月1日在義大利首都羅馬舉行。

第十八屆：1964年10月10日～24日在日本東京舉行。

第十九屆：1968年10月12日～27日在墨西哥首都墨西哥城舉行。

第二十屆：1972年8月26日～9月9日舉行在西德慕尼黑舉行。

第二十一屆：1976年7月17日～8月1日在加拿大的蒙特利爾舉行。

第二十二屆：1980年7月19日～8月3日在蘇聯首都莫斯科舉行。

第二十三屆：1984年7月28日～8月12日在美國洛杉磯舉行。

第二十四屆：1988年9月17日～10月2日在韓國漢城舉行。

第二十五屆：1992年7月25日～8月9日在西班牙地巴塞羅那舉行。

第二十六屆：1996年7月19日～8月4日在美國的亞特蘭大舉行。

第二十七屆：2000年9月15日～10月1日在澳大利亞的悉尼舉行。

第二十八屆：2004年8月13日～8月29日在希臘雅典舉行。

第二十九屆：2008年8月8日～8月26日在中國北京舉行。

第三十屆：2012年7月27日～8月12日在英國倫敦舉行。

第三十一屆：2016年8月5日~8月21日在巴西里約熱
內盧舉行。

世界盃足球賽

1928年，第一屆現代奧運會結束後，國際足聯召開
代表會議，並通過創辦一個新的世界性足球比賽決議，
首屆比賽自1930年開始。世界足球錦標賽設金盃一座，
用1800克純金鑄造，杯高130公分，形狀為勝利女神雙
手托起金盃，因此也叫「女神杯」。

1956年國際足聯在盧森堡召開代表會議，決定把錦
標賽的名稱改為「雷米特杯賽」。後來又有人建議把兩
個名稱聯起來，稱為「世界足球錦標賽──雷米特杯」。
最後，在赫爾辛基的代表會議上又一次改名為「世界足
球冠軍賽──雷米特杯」，簡稱為「世界盃」。

羽毛球

據傳，在14世紀末葉，日本出現了把櫻桃插上美麗
的羽毛當球，兩人用木板來回對打的運動。這便是羽毛
球運動的雛形。

　　1870年，英國一位公爵在他的領地開遊園會，天公不作美，下起雨來，他為使客人們不掃興，就改在室內進行羽毛球遊戲。結果與會者情趣橫生。此後，這項運動便風靡英國。1992年，羽毛球在巴塞羅那奧運會上被列為正式比賽項目。

乒乓球

　　19世紀末的一天，倫敦兩個青年人到飯館去吃飯，在等待侍者送飯時，他們感到無聊，便隨手將裝雪茄的盒蓋拿在手中玩，同時又將酒瓶上的軟木塞也撥了下來，兩人在餐桌上你來我往，相互打過來打過去，結果，他倆玩得竟入了迷，連吃飯都顧不上了。由此，這項餐桌上的遊戲，很快就演變、發展成乒乓球賽，並席捲倫敦，一時形成了一股乒乓球熱。

　　最初的乒乓球是一種實心橡膠球。1890年，一位叫吉布的英國工程師提出了用賽璐珞製成空心球來代替橡膠球的想法。5年後，這種空心球出現在人們的生活中，由於球發出「乒乓」、「乒乓」的聲音，於是，人們便把這種球叫做乒乓球。

田徑

田徑運動嚴格意義上講分為田賽和徑賽兩部分。田賽主要指跑道內部進行的，像跳高、跳遠、標槍之類的比賽項目；徑賽主要指在跑道上完成的賽跑項目。它是人類在長期社會實踐中逐步產生和發展起來的。

1894年，在英國舉行了最早的現代田徑運動國際比賽，比賽共分9個項目。真正的大型國際比賽是1896年開始舉行的現代奧運會。它沿用古代奧運會每隔4年舉行一次的制度，每屆奧運會上，田徑運動都是主要的比賽項目之一。從1928年第9屆奧運會起，才增設了女子田徑項目，此後，女子便參加了田徑項目的比賽。

馬拉松比賽為何是42.195公里

這要從西元前490年9月12日發生的一場戰役講起。這場戰役是波斯人和雅典人在離雅典不遠的馬拉松海邊發生的，雅典人最終獲得了反侵略的勝利。為了讓故鄉人民盡快知道勝利的喜訊，統帥米勒狄派一個叫斐迪皮德斯的士兵回去報信。

斐迪皮德斯是個有名的「飛毛腿」，為了讓故鄉人

早知道好消息，他一個勁地快跑，當他跑到雅典時，已喘不過氣來，只說了一句「我們勝利了！」就倒在地上死了。為了紀念這一事件，在1896年舉行的現代第一屆奧林匹克運動會上，設立了馬拉松賽跑這個項目，把當年斐迪皮德斯送信跑的里程——42.195公里作為賽跑的距離。

鐵人三項賽項目

這個項目的構思源於美國軍官約翰·科林斯。1978年的某一天，他在檀香山夏威夷與幾個同事一起聊天。話題突然轉到什麼項目的運動量最大，是游泳、騎自行車，還是馬拉松？由於看法不一，他們爭論得難解難分，最後以一項有趣的決定結束了辯論：他們要進行一次比賽，把3.8公里的游泳、180公里的騎自行車和42.195公里的馬拉松長跑三項運動放在一起，一項接一項地一氣完成。

鐵人三項賽運動有三個檔次標準：第一檔次已如前所述；第二檔依次為2.5公里、100公里和25公里；第三檔次已作為奧運會的標準，依次為1.2公里、40公里和10公里。

國際象棋

據說2000年以前，印度有一個非常殘暴的國王。自己獨斷專行，想幹什麼就幹什麼。國王有個親信大臣，他想拿「君王不能離開臣民而存在」的道理來勸告國王，但又不敢公開提出自己的意見。

他想出了一個暗示的辦法：在木製棋盤上，用骨制的棋子組成兩支軍隊進行戰鬥；每一方面有一個首腦一王，另有車、馬、象、兵四個兵種，組合成一個陣容的整體，王是最主要的棋子，王一死，戰鬥便結束；王同時又是很弱的一環，他只能依靠戰友一即別的更有力的棋子保護，這些棋子必須在整個戰鬥過程中同心協力來保衛王。棋子裡面比王還要弱的，要算是兵了。但如果善於指揮，使兵深入敵壘，走到對方的底格時，兵就可以變成最強的棋子。

這就是第一盤象棋的產生，並很快就傳播開了。它一方面往西傳到波斯、阿拉伯和歐洲，經過改變，形成現代的國際象棋；另一方面往東傳到緬甸、東南亞和中國。

橄欖球

　　橄欖球是由足球演變而來的。1823年，英國拉格比市一所大學裡正在進行一場足球比賽。比分落後的一方猛攻對方球門，但久攻不下。這時，隊員埃利斯異常衝動，抱起足球就往對方的球門衝去，對方隊員上前阻攔，都被他一一避開。最後，埃利斯終於把球扔進對方球門。

　　這個球理所當然地被判為無效，但這一衝動之舉卻引出一種新的運動－橄欖球。由於這種球的形狀似橄欖，所以人們就把這項新的體育運動叫做「橄欖球」。

　　橄欖球場大小接近足球場，比賽隊員也是雙方各11名。比賽中可以踢，可以抱，不免粗野激烈，因而上場隊員均佩頭盔或護具。

撞球

　　撞球源於英國，它是一項在國際上廣泛流行的高雅室內體育運動。

　　大約在14世紀，據說由倫敦一家名叫Billsyard的當鋪老闆為消遣娛樂而發明的，撞球的英文名稱即源於此。至18世紀末，撞球作為一種遊戲在英國民間很是盛

行。19世紀初，世界上第一個公共檯球室在倫敦開設。最早的撞球，桌面上只有兩個白球，之後法國人覺得缺少挑戰性，就增添了一個紅球並改進打法。再往後英國人又將其發展成為在今天十分流行的落袋撞球。

高爾夫球

「高爾夫」原意為「在綠地和新鮮空氣中的美好生活」。這從高爾夫球的英文單詞GOLF可以看出來：

G—綠色；

O—氧氣；

L—陽光；

F—腳部活動。

它是一種把享受大自然樂趣、體育鍛鍊和遊戲集於一身的運動。

相傳，蘇格蘭是高爾夫球的發源地。19世紀，高爾夫球傳入美國。1922年，世界上第一次國際性比賽是美國對英國的「沃克杯」高爾夫球對抗賽。高爾夫球於20世紀初引入中國。高爾夫球運動是在室外廣闊的草地上進行，設9或18個洞。運動員逐一擊球入洞，以擊球次數少者為勝。比賽一般分單打和團體兩種。1860年，英格蘭舉行了最早的高爾夫球公開賽。

保齡球

　　保齡球最早開始於西元3至4世紀的德國。最初，天主教徒在教堂走廊裡安放木柱，用石頭滾地擊之。他們認為擊倒木柱可以為自己贖罪、消災；擊不中就應該更加虔誠地信仰「天主」。直到14世紀初，才逐漸演變成為德國民間普遍愛好的體育運動項目。後來，荷蘭人和德國人的後裔移居美國，便把保齡球傳到了美國。

　　在16世紀時，是9個瓶的遊戲，數年後，演變成10個木瓶，瓶的擺設形狀也從鑽石形變成三角形。1895年，美國保齡球總會正式成立。

　　1951年，國際保齡球聯合會成立，1954年，第一次保齡球國際比賽在芬蘭的赫爾辛基舉行。1988年的奧運會，保齡球列為表演項目。

花式滑冰

　　花式滑冰，被譽為世界上最優美的運動。它是在音樂之都維也納發展起來的。其創始人是「美國滑冰大王」傑克遜・海恩斯，到現在已有100多年的歷史。

　　1908年，在英國倫敦舉行的第四屆奧運會上，花式滑冰被首次列為競賽項目。

8 世界政治面面觀

聯合國

　　1942年，美、蘇、英、中四國著手建立反法西斯同盟，並決定草擬一份宣言，但當時沒有確定合適的名字。美國總統羅斯福和英國首相丘吉爾多次討論名稱問題，他們曾考慮用「同盟」或「聯盟」，但總覺得不太完美，只好暫時作罷。

　　一天清晨，羅斯福起床更衣，突然叫喊一聲：「天哪！我想到了！」他忙命令僕人推著他來到丘吉爾的房間對丘吉爾說：「哦，溫斯頓，你看叫『聯合國』如何？」丘吉爾說：「太好了！」這樣，宣言的名稱就確定為「聯合國宣言」了。

　　1945年聯合國正式成立時，就沿用了這個響亮的名字。

聯合國的六大機構

　　由全體會員國組成的聯合國大會、唯一有權採取行動維護世界和平與安全的安全理事會、協調全球經濟與社會關係的經濟與社會理事會、負責監督聯合國受委託管理領土行政事物的托管理事會、處理國家之間訴訟的國際法院和執行聯合國計劃和政策的祕書處。

聯合國國徽

　　1945年4月，美國戰略服務處為在舊金山召開的「聯合國國際組織會議」設計了這個徽章。聯合國的徽章，是一個以北極為中心的世界地圖投影平面圖。地圖的陸地為淡藍色；水域為白色，八條經線延伸至南緯60度，緯線由五個同心圓表示。整個圖案由兩根交叉的金色橄欖樹枝組成的花環相托，象徵著世界和平。

聯合國大會

　　簡稱「聯大」，是聯合國的主要審議、監督和審查機構。大會每年舉行一屆常會。大會審議的事項非常廣

泛，凡維持國際和平與安全以及《聯合國憲章》範圍內的任何問題均可討論，其討論決定只能向會員國或安理會提出建議，而無權迫使任何一國政府採取任何行動。

聯合國安理會

聯合國安全理事會是聯合國中最有權力的機構，負責維持國際的和平與安全。根據《聯合國憲章》，安理會與其他聯合國機構不同，它做出的決定必須被相關成員國遵守與執行。聯合國安理會的首次會議在1946年1月17日召開，安理會所做出的決定被稱為聯合國安全理事會決議。

聯合國祕書長

聯合國祕書長是聯合國祕書處的長官。依照聯合國憲章，祕書長是由安理會推薦，聯合國大會指定的，是這一機構的「行政首長」，負責祕書處的工作，將其認為可能威脅國家和平和安全的任何事項提請安理會關注，並執行安理會、聯合國大會和其他主要機構托付的「其他職務」。在世界各國面前，聯合國祕書長往往被

看做聯合國的象徵，同時也利用這一身分對爭端的各方進行調停。聯合國祕書長的任期為五年，可以連任。

聯合國的三個「國都」

第一「國都」在美國紐約曼哈頓區東河之濱。
第二「國都」在瑞士日內瓦湖西南端的羅納河畔。
第三「國都」在奧地利維也納北郊的多瑙河畔。

聯合國官方語言

聯合國官方語言6種：阿拉伯文，中文，英文，法文，俄文，西班牙文。祕書處日常使用的工作語言為英文和法文。

國際法院

在國際聯盟的努力下，在1922年2月15日於荷蘭海牙和平宮成立了名叫「常設國際法院」的機構。後來，在成立聯合國組織的同時，建立了一個新的法律機構—

一聯合國國際法院，它實際上是常設國際法院的繼續。

現如今，國際法院是聯合國的主要機構之一，也是其主要的司法機關。之所以稱「主要司法機關」，是因為除它以外，聯合國大會還可就某些國際爭端或特定目的成立特別或專門法庭。

綠色和平組織

第二次世界大戰結束後，伴隨著科技的蓬勃發展，核試驗、工業廢棄物、垃圾等造成的環境污染嚴重地威脅著人類賴以生存的環境。這種情況引起了愛護環境的人士的關注。

1971年，一名工程師在加拿大發起並組織了綠色和平組織，宗旨是反對核試驗和運輸核廢料，反對捕撈鯨魚等海生動物，反對環境污染。由於綠色象徵和平與生命，因此這個和平組織就以綠色命名。

世界上第一個無產階級政權

1917年11月7日，俄國布爾什維克黨和列寧領導的工人和革命士兵，在俄國首都彼得格勒推翻了由沙皇領

導的資產階級政權，建立了世界上第一個無產階級政權
一蘇維埃。這就是偉大的俄國十月革命，它開闢了人類
歷史的新紀元。

世界上第一個無產階級政權組織

1871年3月18日，法國巴黎的無產階級和人民群眾
舉行武裝起義，推翻了資產階級反動統治，建立了人類
歷史上第一個無產階級專政的政權──巴黎公社。

世界上第一個社會主義國家

世界上第一個社會主義國家是蘇維埃社會主義聯邦
共和國，簡稱蘇聯，成立於1922年12月30日，1991年12
月26日解體。

政教合一

政權和神權合二為一的政治制度。封建統治階級為
了維護和加強自己的政治統治，需要利用宗教；而宗教

首領為了擴大影響、爭奪勢力，也需要與封建統治者的聯合。掌握神權與掌握政權的兩大集團既彼此爭奪權勢，又相互依賴和利用。近代資產階級革命以後，多數國家實行政教分離，相繼廢除政教合一制度。

君主制

君主制由君主，包括國王，皇帝，天皇，蘇丹等擔當國家元首。君主擁有至高無上的權力，君主的意志就是法律，不受任何約束。君主實行終身制，並且是世襲的。這種政治制度已有四五千年的歷史。古代的奴隸制國家，封建制國家，多實行這種專制制度。

共和制

「共和」一詞來源於拉丁語respublica，意思是「公共事務」。共和制是指國家的權力機關和國家元首由選舉產生並有一定任期的政權組織形式。共和政體區別於君主政體，而且是作為君主政體的相對面而存在的。

八國集團

八國集團指的是八大工業國美國、英國、法國、德國、義大利、加拿大、日本，加上俄羅斯。

1975年，法國總統德斯坦邀請德國、美國、日本、英國和義大利領導人到巴黎郊區的朗布依埃城堡開會。目的是討論當時正受石油危機影響的世界經濟。參加會議的領導人一致決定這一會議將每年舉行，並邀請加拿大與會。這樣1976年便形成了七國集團。1998年的伯明翰峰會上俄羅斯正式加入，從而形成了如今的八國集團。

圓桌會議

在西元5世紀時，英國國王亞瑟和他的騎士們舉行會議時，他忽然靈機一動，命令屬下不分上下席位，圍著圓桌而坐，避免了與會者因席位上下而引起的無謂糾紛。這樣，就形成了「圓桌會議」的稱呼。

由於圓桌會議不把上下尊卑分得那麼清楚，又含有與會者「一律平等」和「協商」的意思，所以政治家們很歡迎這種形式。至今，聯合國安理會和其他國際會議時，也大多採用圓桌會議。

不記名投票

「不記名投票」是外來詞，出自義大利語ballot，是「球」的意思。西元5世紀，希臘就曾採用以球代替選票的方法進行投票。選民投票時，只需將手中的小球投入一個特製的箱內即可。這種方法事先約定，球分兩色：白色表示同意，黑色表示反對。

1884年後，美國也開始使用這種投票法，但卻不拘泥於小球，也有用蠶豆或玉米粒代替的。隨著社會的進步以及紙張文字的應用，逐漸演變成了現在的不記名投票。

北約

北約曾被稱為北大西洋聯盟或北大西洋集團。北約的最高決策機構是北約理事會。理事會由成員國國家元首及政府首腦、外長、國防部長組成，常設理事會由全體成員國大使組成。總部設在布魯塞爾。希臘和土耳其於1952年、聯邦德國和西班牙分別於1955年和1982年加入該組織。

華約

　　蘇聯、民主德國、波蘭、羅馬尼亞、捷克斯洛伐克、保加利亞、匈牙利、阿爾巴尼亞8國於1955年5月14日在華沙簽署了《華沙條約》，並成立華沙條約組織。華約常設機構在莫斯科。聯合武裝部隊總司令和參謀長均由蘇聯人擔任。

　　1989年東歐事變發生後，華約解體。

歐 盟

　　歐洲聯盟是由歐洲共同體發展而來的，是一個集政治實體和經濟實體於一身、在世界上具有重要影響的區域一體化組織。1991年12月，歐洲共同體馬斯特里赫特首腦會議通過《歐洲聯盟條約》，通稱《馬斯特里赫特條約》。1993年11月1日，《馬約》正式生效，歐盟正式誕生。總部設在比利時首都布魯塞爾。

歐佩克

1960年9月10日，伊朗、伊拉克、科威特、沙特阿拉伯和委內瑞拉的代表在巴格達開會，決定聯合起來共同對付西方石油公司，維護石油收入。14日，五國宣告成立石油輸出國家組織，簡稱「歐佩克」。總部設在維也納。

冷戰

冷戰一詞是當年美國政論家斯沃普在為參議員巴魯克起草的演講稿中首次使用的。二戰結束後，美國對蘇聯和其他社會主義國家採取了敵視和遏制政策，因此巴魯克說：「美國正處於冷戰方酣之中」。「冷戰」與「鐵幕」一詞同時流行，表示美蘇之間除了直接戰爭外，在經濟、政治、軍事、外交、文化、意識形態等方面都處於對抗的狀態。

三K黨

三K黨是美國歷史上和現在的一個奉行白人至上主義的民間組織，也是美國種族主義的代表性組織。

三K黨於1866年由南北戰爭中被擊敗的南方邦聯軍隊的退伍老兵組成。這個組織經常用暴力來達成目的。1871年，尤里西斯‧格蘭特總統強行取締了這個政治組織。

第二個使用這個名稱的組織是在1915年由威廉‧西蒙斯在亞特蘭大附近的石頭山頂建立的。在經濟大蕭條時期，該組織的發展跌入了低谷。

法西斯

相傳在西元前509年，古代羅馬開始建立奴隸制共和國，羅馬最高執政官出巡途中，經常要處罰各地的違法分子，所用的刑具有棍棒和斧頭，棍棒和斧頭由跟隨最高執政官的12名特別扈從隨身攜帶，這些扈從為了便於攜帶，就用紅色帶子把棍棒和斧頭柄綁紮成一梱，鋒利的斧頭擺在中間。人們把這件東西稱為「法西斯」。

第一次世界大戰結束後，義大利國內矛盾激化，

1919年3月墨索里尼在米蘭組織了「法西斯義大利戰士團」。1921年11月義大利法西斯黨正式建立，並參照古代「法西斯」的形狀設計了黨徽，法西斯主義在義大利漸成氣候。

此後，人們習慣地把法西斯主義簡稱為「法西斯」，就這樣，一個曾讓古代羅馬人敬畏、近代義大利人驕傲的標誌，演變成現代世界人民唾棄的「獨裁」、「侵略」、「殘暴」、「邪惡」的代名詞。

法西斯主義

一種結合了社團主義、工團主義、獨裁主義、極端民族主義、中央集權形式的社會主義、軍國主義、反無政府主義、反自由放任的資本主義、反共產主義、和反自由主義的政治哲學。

法西斯主義可以視為是極端形式的集體主義，反對個人主義，《大英百科全書》對法西斯主義一詞的定義則是：「個人的地位被壓制於集體一例如某個國家、民族、種族、或社會階級之下的社會組織。」

只當了一天的美國總統

1949年5月4日，波爾克總統的任期已經滿了，因為是星期天，所以當選總統扎查利‧泰勒決定到下星期一就職。但是國家不能沒有領導人。哪怕僅二十四小時也不行。所以，根據繼承總統職位的順序，參議院臨時議長艾奇遜接過了該職務。

當人們問艾奇遜，他在擔任總統期間幹了些什麼時，他說因為國會的工作已使他筋疲力盡了，所以，他在擔任總統期間一直在睡覺。

水門事件

水門事件指美國共和黨政府在1972年總統競選運動中的非法活動暴露後的政治醜聞。

1972年6月17日有五個人因潛入位於華盛頓特區的美國民主黨總部—水門大廈而被捕。隨後的調查表明，尼克森政府為破壞選舉的進程採取了一系列的行動，闖入水門只是其中之一。結果導致政府的幾個官員鋃鐺入獄以及美國歷史上破天荒第一遭出現的總統辭職。

「V」字型手勢

第二次世界大戰期間，有個名叫維克多·德拉維利的比利時人，利用電台每天從英國向比利時進行短波廣播，號召同胞們奮起抗擊德寇佔領軍。

1940年末的一天晚上，他在廣播裡號召人們到處書寫「V」字，以表示對最後勝利的堅定信心。幾天之間，在比利時首都布魯塞爾和其他城市的建築物上，大街小巷的牆壁上、樹幹和電線桿上、影劇院裡，「V」字無處不在，甚至在德軍重兵把守的兵營，崗樓和納粹軍官的住宅裡，也出現了被視為不祥之物的「V」字，攪得德國法西斯佔領軍心神不寧。

後來，「V」字不脛而走，傳入歐洲各淪陷國。由於它形式簡單明瞭，很快流傳開來。除了勝利含義外，「V」字在有些國家還有其特定的意思：如在荷蘭文中「V」代表「自由」；在塞爾維亞語裡表示「英雄氣概」。

 世界軍事面面觀

世界軍銜制度

　　現代各國軍隊的軍銜制度主要有以美國為代表的「西方型」和以蘇聯為代表的「東方型」。

　　美國的「西方型」為6等24級。將官分五星上將、上將、中將、少將、准將，校官和尉官各分3級，即上校、中校、少校；上尉、中尉、少尉。准尉分4級，軍士分6級，兵分3級。其中海軍陸戰隊的軍銜沒有五星上將。

　　前蘇聯的「東方型」是1935年建立的。共分7等22級。計蘇聯大元帥、高級軍官、校官、尉官、准尉、軍士、兵7等。

美國十大五星上將

　　潘興——陸軍五星上將

　　馬歇爾——陸軍五星上將

麥克阿瑟——陸軍五星上將

艾森豪威爾——陸軍五星上將

阿諾德——空軍五星上將

萊希——海軍五星上將

歐內斯特‧金——海軍五星上將

尼米茲——海軍五星上將

哈爾西——海軍五星上將

及布萊德雷——陸軍五星上將

美國為什麼沒有「元帥」

美國最初也打算恢復元帥軍銜，像其他戰勝國一樣把元帥軍銜授予在戰爭中功勳卓著的上將們。於是，政府便把能夠獲此殊榮的高級將領排名。

當排到陸軍參謀長馬歇爾的時候，馬歇爾的名字MARSHAL與元帥一詞MARSHAL完全相同，一字不差。如果將元帥軍銜授予馬歇爾，稱呼「馬歇爾元帥」便成了「馬歇爾馬歇爾」。經過反覆討論斟酌，最終決定還是維持現狀不設元帥為妥。

由於這個緣故，即便是當時大名鼎鼎的麥克阿瑟、艾森豪威爾，當然也包括馬歇爾本人，都失去了獲得元帥殊榮的機會，只被授予「五星上將」軍銜。

海軍陸戰隊

　　海軍陸戰隊的形式起源於古希臘。西元前480年，雅典人在每條戰船上配置20名海上士兵，與波斯人交戰。後來，羅馬人為了同海上霸主迦太基爭霸，也在大型戰船上配置「艦隊士兵」，利用船隻接近時從事艦上作戰，從而取得了戰鬥的勝利。這成為陸戰隊的雛形。

　　1975年，美國建立了正規化的海軍陸戰隊，擁有20餘萬人，分為三個師和三個飛行聯隊，配備有1000多架飛機，主要任務是執行強行登陸和保衛海灘的兩棲突擊，歸海軍部管轄。中國從20世紀90年代開始建立海軍陸戰隊，但數量比較少。

空軍

　　1793年，法國首次組織了一支空軍，飛行裝備是繫繩氣球。他們第一次參加戰鬥是在曼堡戰役中。當時，荷蘭和奧地利聯軍包圍曼堡，法軍首次派出了空軍支援地面作戰，在陣地上升起了雙人氣球觀察敵情。聯軍因自己的舉動無法逃避法軍的觀測，只好立即撤退，曼堡之圍迅速被解除。法軍獲勝後，接著又把繫繩氣球送到

沙勒羅瓦。當時，法軍正在該地發起進攻。法軍空軍的氣球突然升起時，對方竟然嚇得立即棄械投降，法軍從而大獲全勝。

從此，許多國家也先後建立了用繩子繫在地面上的氣球空軍。後來德國又出現了齊柏林飛艇。人類發明飛機後，空軍不斷發展壯大。

空降兵

1927年前蘇聯在戰場上第一次使用了空降兵。蘇軍空降兵部隊於1930年正式成立。此後，美國、英國、法國、日本也都相繼組建了空降兵。在「二戰」中，空降兵建立了不朽的功勳，從而備受各國重視，在戰爭中和戰後獲得了重要的發展。現代戰爭因為強調機動性，從而使空降兵更受各國的重視，成為21世紀必不可少的一支重要軍事力量。

特種部隊

世界上最早的特種部隊，是英國在極其困難的情況下建成的。1940年5月，德軍佔領荷蘭和比利時，侵入

法國，擊敗了英法聯軍。英國遠征軍和部分法軍共30餘萬人，潰逃到法國北部敦刻爾克地區，於5月27日到6月4日通過英吉利海峽撤回英國。這就是歷史上有名的「敦刻爾克大撤退」。

為了渡過戰爭危機，英國一面重整旗鼓，加強正規部隊建設，一面於1940年6月10日，命令陸軍參謀長的副官達托萊‧克拉克組建一支專門執行特種任務的部隊。這支部隊被稱為「豹部隊」，又稱「哥曼德」。這是世界上最早的一支特種部隊。

此後，特種部隊的影響擴大到世界各地，各國都建立起自己的特種部隊。

部隊建制

師作為正規軍的重要建制，首先在1873年法國軍隊中創立，當時明確規定每個師下屬兩個步兵旅、一個騎兵旅和兩個炮兵連。現在師有三三編製和五五編製，並且有重型師和轉型師之分。

旅的名稱來自法語，原意是「一支戰鬥隊」。16世紀瑞典王國使旅的編制得到固定，並啟用了旅的建制，但人數不固定。俄國彼得一世在軍事改革時最先在步兵

和騎兵隊裡啟用了旅的編制。

團是俄語詞。14世紀前，團是俄國部隊的總稱，後來逐漸演變成軍隊下屬的一個戰鬥隊。俄國組建正規軍時，團便有了固定的編制，並為各國仿用。

營譯自英語，原意是「小或者少」。14~15世紀時，營被稱作方塊隊，並沒有固定編製。彼得一世軍事改革時，在俄國組建了營，並規定營的下屬有3~4個連。後來隨著俄軍與法軍作戰，營的建制終為歐洲各國所啟用。

軍禮

當今世界各國軍隊行的軍禮，最早是從英國開始的。據說英國在打敗了西班牙的無敵艦隊後，為凱旋歸來的將士舉行了一次規模相當壯觀的祝捷大會。在大會上由英國女王伊麗莎白一世親自為有功將士頒發獎品。當時為了維護女王的尊嚴，特規定將士領獎時要用手遮蔽眼部，不得對女王平視，這種動作後來就演變成了今天各國軍隊的軍禮。

軍樂

現代概念的軍樂，產生於歐洲。西元14世紀，新崛起的奧斯曼帝國烏爾汗王，最早在他的軍隊裡建立了軍樂隊。隨著他的軍隊擴張到歐洲，軍樂也就流傳到了歐洲諸國。

18世紀，波、德、奧、俄等國相繼建立了軍樂隊。後來，樂器經過改革，軍樂隊規模擴大，軍樂的表現力也日趨豐富了。

清朝末期，中國引進歐洲的軍樂。在「興洋務，建新軍」時，袁世凱在天津小站操辦「新軍」，在軍中建立了軍樂隊。

航空母艦

世界上第一艘航空母艦是英國人製造的。當時，英國人用運煤船改裝成航空母艦，叫做「百眼巨人號」。1910年11月，在美國的「伯明翰號」巡洋艦上，飛機第一次在軍艦上起飛。1917年6月，航空母艦「皇家憤怒號」下水。這艘軍艦是世界上第一艘有現代化裝備的航空母艦。目前，世界最大的航空母艦是美國海軍的尼米

茲號核動力航空母艦。該艦是1975年交付海軍的，艦上機庫可容納100架飛機。

▌潛艇 ▌

2300多年前，馬其頓國王亞歷山大想去海底探索奇妙的世界。便命能工巧匠為他做一個用繩子拉著，可以沉落海底的不透水圓桶。他站在桶內，透過透明的玻璃小窗口，盡情觀賞海底奇觀。這是世上有史可查的第一個潛水工具。

1620年，在英國首都倫敦，荷蘭物理學家科尼利斯‧德雷貝爾建造了世界上第一艘潛水船。船體由木框架外包塗油的牛皮構成，艙內有個大羊皮囊灌上水，船可潛入四五米深的水中。這種潛水艇被認為是潛艇的雛形。

1775年，美國人布什內爾建造了一艘單人駕駛的、以手搖螺旋槳為動力的木殼的「海龜號」潛艇，能在水下停留約30分鐘。1797年，美國人羅伯特‧富爾頓建造了一艘裝置魚雷的潛艇，這艘潛艇被認為是第一艘名副其實的軍事潛艇。

核武器

　　核武器是指利用能自持進行核裂變或聚變反應釋放的能量，產生爆炸作用，並具有大規模殺傷破壞效應的武器的總稱。其中主要利用鈾235或鈽239等重原子核的裂變鏈式反應原理製成的裂變武器，通常稱為原子彈；主要利用重氫或超重氫等氫原子核的熱核反應原理製成的熱核武器或聚變武器，通常稱為氫彈。

導彈

　　導彈起源於「二戰」時德國的V-2飛彈。1944年，德國製造出V-1誘導飛彈。從外觀上看，V-1飛彈像一架無人駕駛飛機，有很強的欺騙作用。該彈射程241公里，航速每小時達563公里。

　　1944年9月，德國納粹集團又向英國發射V-2飛彈。這個V-2飛彈，絕不是對V-1飛彈的簡單仿製，而是人類戰爭史上第一顆戰略導彈，是現在的遠程導彈和宇宙火箭的先驅。

魚雷

最早的魚雷，是英國工程師懷特・黑德於1866年製成的。在1877年～1878年的俄土戰爭中，俄國海軍第一次使用魚雷擊沉了土耳其軍艦。在其後一百多年裡，魚雷得到了越來越多的改進。魚雷的發展從無控制到有控制；從程序控制到聲導、線導和複合制導；從壓縮空氣動力到熱動力、電動力；從常規裝藥到核裝藥；航速從6節到50～60節；航程從640米到5萬米。由於魚雷在水中爆炸，著重對艦船的要害部位進行破壞，因而對水面艦隻有著極大的威脅。

現在，俄國製成的高速魚雷成為西方國家海軍的心頭病，其先進程度令美國海軍膽戰心驚！

巡洋艦

巡洋艦是在排水量、火力、裝甲防護等方面僅次於戰列艦的大型水面艦艇，巡洋艦擁有同時對付多個作戰目標的能力。現代巡洋艦排水量一般在0.8萬噸～2萬噸，裝備有導彈、火炮、魚雷等武器。大部分巡洋艦可攜帶直升機。動力裝置多採用蒸汽輪機，少數採用核動力裝

置。當代世界最著名的巡洋艦為兩級：美國提康德羅加級導彈巡洋艦以及蘇聯基洛夫級核動力巡洋艦。

驅逐艦

驅逐艦是一種多用途的軍艦，是以導彈，魚雷，艦炮等為主要武器，具有多種作戰能力的中型軍艦。它是海軍艦隊中突擊力較強的艦種之一，用於攻擊潛艇和水面艦船，艦隊防空，以及護航，偵察巡邏警戒，佈雷，襲擊岸上目標等，是現代海軍艦艇中，用途最廣泛、數量最多的艦艇。驅逐艦，這是一種裝備有對空、對海、對潛等多種武器，具有多種作戰能力的中型水面艦艇。

護衛艦

護衛艦是以艦炮，導彈，水中武器為主要武器的中型或輕型軍艦。它主要用於反潛和防空護航，以及偵察，警戒巡邏，佈雷，支援登陸和保障陸軍瀕海預測等作戰任務，又稱為護航艦。護衛艦和戰列艦、巡洋艦、驅逐艦一樣，也是一個傳統的海軍艦種，是世界各國建造數量最多、分佈最廣、參戰機會最多的一種中型水面艦艇。

坦克

第一次世界大戰初期，英國隨軍記者斯文頓到前線採訪，他親眼目睹英法聯軍發動的一次次衝鋒，都被防禦嚴密的德軍擊退。斯文頓開始琢磨，如果給笨重的拖拉機穿上一層厚厚的鋼甲外衣，讓士兵乘坐在裡面，這樣既不怕槍炮的襲擊，又能進攻敵人的陣地，那該多麼好啊。1915年9月，英國的一家水櫃工廠生產出一種攻防兩用的武器，這就是世界上第一代坦克。當時為了達到保密的要求，研究人員把它稱作「水櫃」。因「水櫃」的英文為Tank（音譯坦克），所以「坦克」被沿用至今。

直升機

著名科學家達文西曾在1500年設計出一幅直升機的圖樣，並進行多次製造，均因缺少馬達，遭到失敗。1796年，凱萊設計出一架由蒸汽帶動的直升機。1910年，出生於美國的俄國航空工程師西考斯基製造了兩架直升機，其中一架可以飛起來。1917年，匈牙利的幾個軍官製造出一架直升機，可以升空，但不能自由飛行。

1936年，德國的福克伍爾公司宣佈發明的直升機，能升高到11000英尺，而且能夠以每小時70英里的速度，橫越德國領空。1940年，西考斯基製造出第一架能實用的直升機，於1942年交給美國陸軍使用。

隱形殺手——隱形飛機

美國的SR-71「黑鳥」高空戰略偵察機和A-12「復仇者」艦載攻擊機，都使用了隱身設計。SR-71「黑鳥」偵察機利用圓滑的外形與特殊塗料來降低雷達反射波，再加上超過3馬赫的速度，使得它不僅不易被發現，即使被發現了，一般航空導彈也因速度僅在2~3馬赫之間而無法追上它。而A-12「復仇者」艦載攻擊機的外形則更是獨特，看上去就像是一個三角板。

無人偵察機

在高技術局部戰爭中，衝鋒在第一線的不再是美軍的士兵們，而是在高空中盤旋、伺機出擊的無人機機群。在控制室的遙控下，無人機將在萬米的高空上發現、追蹤、消滅移動的目標。美軍在伊拉克戰場上使用

了十幾種無人機，機型主要包括陸軍的「獵犬」、「指針」和「影子200」無人機，海軍陸戰隊的「龍眼」和「先鋒」無人機，空軍的「全球鷹」和「捕食者」無人偵察機。另外，還包括其他幾種小型的無人機系統，用於支援特種作戰需求。

細菌武器

細菌武器就是生化武器其中的一種。1347年，圍攻義大利熱那亞要塞的韃靼人，曾把自己部隊中死於鼠疫的屍體投入要塞，從而把鼠疫傳染給敵方；1763年，英國進攻加拿大時，曾把帶有天花病毒的衣物，送給居住在加拿大的印第安人領袖，結果使天花惡疾在印第安人中廣泛流行。

20世紀初，真正的細菌武器開始應用到戰場上。第一次世界大戰期間，德國間諜就用馬鼻疽桿菌感染了協約國的4500頭騾子。戰爭即將結束時，德國飛機在羅馬尼亞上空投擲染有病菌的食物。

日本在侵華戰爭期間大量製造細菌武器，研製細菌武器者達6000人以上。臭名昭著的731部隊就是日本研製細菌武器的一支重要部隊。

手槍

14世紀，最早的手槍在歐洲出現了。那時的手槍不過是一種單手發射的手持火槍。15世紀，出現了更先進的火繩手槍，但隨後就被燧石手槍所取代。19世紀出現擊發手槍後，1835年，美國人將它進行大膽地改進，發明了左輪手槍，取得了英國專利。這種手槍被認為是第一種真正成功並得到廣泛應用的轉輪手槍。

19世紀50年代，轉輪手槍改用了雙動擊發發射機構，並逐漸改用定裝式槍彈。19世紀末，自動手槍出現了，1892年奧地利首先製作出8毫米捨恩伯手槍，1892年德國又製造出7.65毫米的博查特手槍，1896年又在德國製造出7.63毫米的毛瑟手槍。從此以後，手槍的研製異常活躍，並湧現出很多型號。

步槍

1800年，科學家發現了鐳汞。從此以後，各種各樣的新想法不斷地湧現了出來。蘇格蘭牧師福賽思和風景畫家肖分別發明了撞擊引爆和銅雷管，瑞士工程師鮑利又發明了一種獨立的彈藥筒。後來，鮑利的屬下、普魯

士軍械工人馮‧德雷澤發明了長撞針，並製成了「德雷澤槍」。隨著軍事技術的不斷發展，步槍被裝上了夜視鏡，具備了夜戰的能力。再加上小口徑步槍、無殼子彈的出現，步槍的性能越來越優良。

機關鎗

機關鎗是由一個英國人海勒姆‧馬克沁發明的。他改變了供彈方式，造出一條長長的彈帶。1884年，機關鎗試驗成功，消息很快傳遍歐洲。此後，馬克沁不斷將機關鎗的性能予以改進，並且到別的國家進行實驗和表演。在「一戰」中，尤其是在西線戰鬥中，機關鎗顯示出了強大的威力，成為防守中幾乎不可逾越的屏障。「一戰」後機槍更得到了巨大發展，出現了裝備先進的輕機槍。

雷達

世界上第一部雷達，是於1936年出現的「本土鏈」對空警戒雷達。它是由英國人沃森‧瓦特發明的。

但在瓦特發明以前，法國物理學家赫茲、義大利工

程師馬可尼、美國科學家布賴特和圖夫等，都從不同角度對這項技術的運用做出過貢獻。這是一種能發射並能接收電波反射的裝置，當時能在250公里內發現飛行著的飛機。後來經過多次改進，雷達更加完善，監測距離也更遠。

肩章

　　最早的肩章是由一種薄金屬片製作成的，用來防禦射來的箭。在古代俄國士兵的軍服上，鎧甲和鎖子甲之間就有這種金屬片，用來保護士兵們的雙肩。後來肩章又增加了功能，在俄軍中作為隸屬某一部隊的識別記號。而在法國軍隊使用的肩章，已演變成區別軍官和士兵的標誌。為了區分軍人的身分，1810年之後，肩章開始有了各自的顏色。

　　1854年，在俄國軍隊中，軍官和將軍的制式軍服上率先佩戴正規的肩章。此後，世界各國軍隊逐漸實行肩章，用以表明軍銜高低、軍兵種的不同。

大簷帽的由來

　　古代的騎兵戴高筒軍帽，有時還用羽毛或馬尾毛加以裝飾點綴。高筒軍帽雖然美觀，可是戴著它幹活卻很不方便。當時軍隊給養系統落後，為了備馬料，部隊要輪流割草，曬乾後打捆運走。每當部隊做這種活時，就臨時給每個騎兵發一種帽簷大、帽筒矮、輕便的帽子。

　　由於這種帽子的特殊作用，戰士們稱它為「備馬秣帽」，即大簷帽的雛形。後來，隨著軍服樣式的變化，大簷帽就成了常備軍帽。

綠色軍裝的由來

　　19世紀末，英帝國主義發動了對南非布爾人的侵略戰爭。當時，布爾人的部隊人數少，而英軍人數多，結果布爾人寡不敵眾，經常吃敗仗。布爾人決心利用自己熟悉地理的優勢將戰局扭轉過來。

　　他們經過一段時間的觀察，發現英軍穿的都是紅色軍裝，在森林裡顯得十分耀眼，行動極易暴露。布爾人由此受到重大啟發，立即把自己的軍服和槍炮等都塗成草綠色，以便在森林隱蔽和行動。這樣一來，布爾人很

容易地發現英軍，英軍卻很難發現布爾人。布爾人常常神不知鬼不覺地發起突然襲擊，將英軍打得落花流水。

從此，世界上大多數國家的軍隊以此為鑑，都把軍服的顏色改為綠色。有的軍裝還根據不同作戰環境而改變顏色，但主體顏色綠色卻保留了下來。

法國水兵帽子上的「紅絨球」

法國的水兵帽的頂端綴有一個分外鮮艷的紅絨球。據說該絨球是法國國防部規定的制式水兵服的組成部分，象徵「一滴血」，寓意為「作戰勇敢，不怕犧牲」。

說起紅絨球來，還有一段頗為有趣的來歷。法國古代海軍的木質戰船，由於艙室低矮，水兵們經常被碰得頭破血流。為了防止碰破頭，水兵們就在帽中墊上一團棉紗。即使這樣，也還有被碰破頭的，鮮血浸染棉紗，變成了紅球。

經過若干年的演變，法國海軍開始在水兵帽頂端綴上一個紅絨球，寓意是「祝你走好運，不會碰破頭」。現在，水兵帽頂端的紅絨球不但成了法國水兵服的裝飾品，也成了他們喜愛的吉祥物和收藏品。

第一次世界大戰

第一次世界大戰是一場主要發生在歐洲但波及到全世界的世界大戰。戰爭過程主要是同盟國和協約國之間的戰鬥。德意志帝國和奧匈帝國是同盟國，英國、法國、義大利、俄羅斯帝國和塞爾維亞是協約國。

在1914年至1918年期間，很多在亞洲、歐洲和美洲的國家都加入了協約國。戰場主要在歐洲。這場戰爭是歐洲歷史上破壞性最強的戰爭之一。

大約有65,000,000人參戰，10,000,000人失去了生命，20,000,000人受傷。

第二次世界大戰

1939年9月1日，德國進攻波蘭，第二次世界大戰爆發。第二次世界大戰先後有60多個國家和地區參戰，波及20多億人口。戰爭雙方共動員軍隊1億多人，戰爭過程中死亡人數達5000多萬，直接戰爭費用13520億美元，財產損失高達4萬億美元。

二戰十大致命武器

　　原子彈、B-29型轟炸機、「埃塞克斯」級航空母艦、雷達、「噴火」式戰鬥機、V-2型火箭、88毫米高炮、「喀秋莎」火箭炮、T-34中型坦克、「零」式艦載戰鬥機。

三八線

　　三八線是位於朝鮮半島上北緯38度附近的一條軍事分界線。第二次世界大戰末期，盟國協議以朝鮮半島上北緯38°線作為蘇、美兩國對日軍事行動和受降範圍的暫時分界線，北部為蘇軍受降區，南部為美軍受降區。日本投降後就成為大韓民國和朝鮮民主主義人民共和國的臨時分界線，通稱「三八線」。

子彈頭為什麼是用鉛灌製

　　不少人總說用鉛灌子彈頭是為了增大殺傷力。其實不然，鉛的密度高，同樣體積的彈頭鉛要比鐵和銅質量大得多，質量大運動時慣性大，因此用鉛灌子彈頭是為了打得更遠。

經濟全球化

經濟全球化是指世界經濟活動超越國界，透過對外貿易、資本流動、技術轉移、提供服務、相互依存、相互聯繫而形成的全球範圍的有機經濟整體。

經濟全球化是當代世界經濟的重要特徵之一，也是世界經濟發展的重要趨勢。經濟全球化，有利於資源和生產要素在全球的合理配置，有利於資本和產品在全球性流動，有利於科技在全球性的擴張，有利於促進不發達地區經濟的發展，是人類發展進步的表現，是世界經濟發展的必然結果。

世貿組織

世貿組織是一個獨立於聯合國的永久性國際組織。1995年1月1日正式開始運作，負責管理世界經濟和貿易秩序，總部設在瑞士日內瓦萊蒙湖畔。1996年1月1日，

它正式取代關貿總協定臨時機構。世貿組織是具有法人地位的國際組織，在調解成員爭端方面具有更高的權威性。它的前身是1947年訂立的關稅及貿易總協定。世貿組織與世界銀行、國際貨幣基金組織一起，並稱為當今世界經濟體制的「三大支柱」。

國際貨幣基金組織

國際貨幣基金組織是世界上最重要的國際金融組織。1945年12月27日正式成立。該組織宗旨是透過一個常設機構來促進國際貨幣合作，為國際貨幣問題的磋商和協作提供方法；透過國際貿易的擴大和平衡發展，把促進和保持成員國的就業、生產資源的發展、實際收入的高水平，作為經濟政策的首要目標；穩定國際匯率，在成員國之間保持有秩序的匯價安排，避免競爭性的匯價貶值；協助成員國建立經常性交易的多邊支付制度，消除妨礙世界貿易的外匯管制；在有適當保證的條件下，基金組織向成員國臨時提供普通資金，使其有信心利用此機會糾正國際收支的失調，而不採取危害本國或國際繁榮的措施；按照以上目的，縮短成員國國際收支不平衡的時間，減輕不平衡的程度等。

世界知識產權組織

知識產權在國際上有兩大平台，一是世界知識產權組織，二是世界貿易組織。

1967年7月14日，「國際保護工業產權聯盟」和「國際保護文學藝術作品聯盟」的51個成員在瑞典首都斯德哥爾摩共同建立了世界知識產權組織，以便進一步促進全世界對知識產權的保護，加強各國和各知識產權組織間的合作。1970年4月26日，《建立世界知識產權組織公約》生效。

世界銀行

「世界銀行」這個名稱一直是用於指國際復興開發銀行和國際開發協會。這些機構聯合向發展中國家提供低息貸款、無息信貸和贈款。它是一個國際組織，其一開始的使命是幫助在第二次世界大戰中被破壞的國家的重建。今天它的任務是資助國家克服窮困，各機構在減輕貧困和提高生活水平的使命中發揮獨特的作用。

301條款

301條款是指《1988年綜合貿易與競爭法》第1301
至1310節的全部內容,其主要含義是保護美國在國際貿
易中的權利,對其他被認為貿易做法「不合理」、「不
公平」的國家進行報復。

根據這項條款,美國可以對它認為是「不公平」的
其他國家的貿易做法進行調查,並可與有關國家政府協
商,最後由總統決定採取提高關稅、限制進口、停止有
關協定等報復措施。

超級市場

超級市場源於美國,美國建立的第一家超級市場至
今已有50多年的歷史。美國伊利諾斯州赫林區一位叫麥
克古倫的商店經理是超級市場的創建人。當時他為了節
省人力物力,想出了一個自動出售商品的辦法。他改裝
一間廢棄的車庫,四處收集各類貨物,把五光十色的貨
物擺在貨架上,或分類放在貨箱裡,讓顧客隨意挑選。
這就是當時的「超級市場」。

跳蚤市場

　　「跳蚤市場」實際上就是舊貨市場，它起源於19世紀末的法國。

　　西元1884年，巴黎市政府為了保持市容整潔，立法禁止沿街亂倒垃圾，並頒布法令讓3萬名靠撿破爛為生的貧民把市區堆積的垃圾搬運到郊區一個廢棄的練兵場上。

　　貧民們在垃圾堆裡挑揀有用的東西，並就地隨手出售。到了1886年，聖旺這個地方就形成了一個固定的市場。因為在這裡出售的舊衣物上常帶有跳蚤，巴黎人就給它起了個名字，叫「跳蚤市場」。

保險

　　義大利是現代保險的發源地。14世紀中葉義大利出現了世界上最古老的保單。此後，保險的作法迅速傳遍歐洲各國。至17世紀，英國倫敦已成為世界保險業的中心。

　　中國人民早在兩千多年前就產生了「積穀防饑」的原始保險意識，而在中國大地上出現的第一家保險公司

則是1805年英國商人在廣州開辦的「廣州保險社」。最
早提議興辦保險的中國人，是太平天國後期重要領導人
洪仁。他在其施政綱領《資政新篇》中介紹了西方保險
知識，並把興辦保險視為一條興國大計。但直至清朝光
緒年間才出現由中國人創辦的保險公司。

　　1875年，洋務派官僚李鴻章、徐潤等人在上海開設
保險招商局翌年更名為仁和保險公司，正式宣告了中國
人自辦保險公司的誕生。1912年6月，上海成立華安合
群保壽公司，這是中國第一家華資人壽保險公司。

專利

　　英國亨利三世於1236年給波爾市的15年期限的壟斷
權，是歷史上最早的專利，即只許波爾市製作色布、染
布，不許其他人再製作同樣的色布、染布。

　　世界上最早建立專利制度的是威尼斯共和國。它於
1474年正式頒布世界第一部專利法。

　　中國的專利制度，如按英、法等國對新技術的使用
和對新產品的生產、經營壟斷視為專利制度的萌芽，則
可追溯到2000餘年前的西漢。而中國正式的專利法是
1984年3月12日頒布的。

▌▌八小時工作制

「八小時工作制」口號最早起源於資本主義發展較早的英國。早在1817年8月，英國空想社會主義者羅伯特・歐文就提出了八小時工作制問題，並把它作為他所設想的「理想社會」制度的一個重要內容。

1833年，在歐文的支持下，具有同情心的工廠主約翰・菲爾登、約翰・多赫爾蒂等人發動了一場爭取八小時工作制的運動。1833年11月25日，他們在曼徹斯特成立了「全國更生社」，其宗旨是幫助工人階級獲得八小時的工作和全天的工資。

▌▌匯率

亦稱「外匯行市或匯價」。是以一種貨幣表示另一種貨幣的價格。匯率是國際貿易中最重要的調節槓桿。因為一個國家生產的商品都是按本國貨幣來計算成本的，要拿到國際市場上競爭，其商品成本一定會與匯率相關。匯率的高低也就直接影響該商品在國際市場上的成本和價格，直接影響商品的國際競爭力。

公證

公證起源於私證。所謂私證，即以私人身分進行的證明活動。在古羅馬帝國，有一種專門為自己的主人辦理法律文書的奴隸，叫做「諾達里」。後來，古羅馬的居民也感到需要專門從事擬定法律文書的人為自己服務，於是就出現了一種專門從事代書職業的人「達比倫」。

「達比倫」具有法律知識，給當事人提供法律幫助，不僅代擬各種法律文書，還簽字作證，並按國家規定索取報酬。這種代書人的制度，被認為是現代公證制度的雛形。

在中國古代及近代，存在著請「中人」作證的習俗。人們買賣土地、繼承財產、立嗣、借貸等，怕「空口無憑，」便立字為據，並且請人出面作「中人」在字據上簽名畫押，這就是中國民間的私證。

私證與公證互相聯繫，但性質完全不同。私證是以私人身分進行的證明活動，不可能像公證那樣起到預防糾紛、減少訴訟的作用。

金本位制度

金本位制度是以黃金作為國際儲備貨幣或國際本位貨幣的國際貨幣制度。在金本位制度下，黃金具有貨幣的全部職能，即價值尺度、流通手段、貯藏手段、支付手段和世界貨幣。

世界上首次出現的國際貨幣制度是國際金本位制度，它大約形成於1880年末，到1914年第一次世界大戰爆發時結束。

信用制度

信用制度是指關於信用及信用關係的「制度安排」，是對信用行為及關係的規範和保證。這種制度安排既包括正式的，又包括非正式的。前者如有關信用的法律、信用管理制度等，後者如信用觀念、信用習慣等。其中信用管理制度是國家為確保信用活動的正常進行而制定的有關法律法規，如信用徵集、信用調查、信用評估、信用保證等信用活動中的工具採納、機構設置、法律責任、監督管理等。

信用卡

信用卡的發明還有一段趣聞。

有一天,美國商人弗蘭克‧麥克納馬拉在紐約一家飯店招待客人用餐,就餐後發現他的錢包忘記帶在身邊,因而深感難堪,不得不打電話叫妻子帶現金來飯店結帳。於是麥克納馬拉產生了創建信用卡公司的想法。

1950年春,麥克納馬拉與他的好友施奈德合作投資一萬美元,在紐約創立了「大萊俱樂部」,即大萊信用卡公司的前身。大萊俱樂部為會員們提供一種能夠證明身分和支付能力的卡片,會員憑卡片可以記帳消費。這種無須銀行辦理的信用卡的性質仍屬於商業信用卡。

1952年,美國加利福尼亞州的富蘭克林國民銀行作為金融機構首先發行了銀行信用卡。1959年,美國的美洲銀行在加利福尼亞州發行了美洲銀行卡。

日經指數

日經指數,原稱為「日本經濟新聞社道‧瓊斯股票平均價格指數」,是由日本經濟新聞社編製公佈的反映日本東京證券交易所股票價格變動的股票價格平均指數。

　　該指數的前身為1950年9月開始編製的「東證修正平均股價」。1975年5月1日，日本經濟新聞社向美國道‧瓊斯公司買進商標，採用修正的美國道‧瓊斯公司股票價格平均數的計算方法計算，並將其所編製的股票價格指數定為「日本經濟新聞社道‧瓊斯股票平均價格指數」，1985年5月1日在合同滿十年時，經兩家協商，將名稱改為「日經平均股價指數」簡稱日經指數。

▌▌$ 的由來

　　「＄」通常被認為是代表美元，其實它是銀圓的符號。

　　16世紀初，西班牙鑄造了一種大的銀幣，名為比索peso。「比索」是8枚「理亞爾」小幣的意思，「比索」的圖案，一面是皇冠、王徽獅子和城堡，另一面是兩根柱子。這兩根大柱子是西方神話中的大力士赫居里斯的柱子，它代表直布羅陀兩岸的山巖。

　　1732年，墨西哥城用機器鑄出一種新式雙柱銀圓，圖形比原來的略有變動，在兩柱之間增加了東西兩半球的圖案，而且在兩根柱子上各有一條卷軸裹著，成為＄形，＄即由此簡化而來，以後逐漸習慣以＄作為銀元的記號。

各國貨幣的名稱

　　貨幣名稱為「元」的國家有：台灣，中國，美國，日本，朝鮮，緬甸，馬來西亞，新加坡，賴比瑞亞，埃塞俄比亞，圭亞那，澳大利亞，新西蘭，特立尼達和多巴哥。

　　貨幣名稱為「第納爾」的國家有：伊拉克，科威特，約旦，突尼斯，阿爾及利亞，利比亞。

　　貨幣名稱為「鎊」的國家有：英國，土耳其，塞浦路斯，埃及，尼日利亞，蘇丹。

　　貨幣名稱為「先令」的國家有：索馬里，坦桑尼亞，肯尼亞，烏干達，奧地利。

　　貨幣名稱為「法郎」的國家有：布隆迪，盧旺達，比利時，法國，瑞士。

　　貨幣名稱為「盧比」的國家有：印度，巴基斯坦，尼泊爾。

　　貨幣名稱為「克郎」的國家有：捷克，瑞典，挪威，丹麥，冰島。

　　貨幣名稱為「馬克」的國家有：德國，芬蘭。

　　另外，羅馬尼亞為「列依」；伊朗、沙特阿拉伯為「里亞爾」；泰國為「銖」；俄羅斯為「盧布」；荷蘭

為「盾」；義大利為「里拉」；墨西哥、多米尼加為
「比索」。

鈔票上的格言

　　法國：自由，平等，博愛；新西蘭：永遠正直；約
旦：建設祖國，為國盡忠；尼泊爾：祖國比天堂更寶
貴；緬甸：和諧而有秩序的生活蘊藏著幸福；荷蘭：我
們要堅持住；比利時：團結就是力量；匈牙利：一切權
利屬於人民；瑞士：一人為大家，大家為一人；危地馬
拉：自由；秘魯：穩定和幸福，來自眾人的團結一致；
英國：有邪念者必受罰。

世界七大珠寶城

　　金伯利：鑽石的老家1867年一個英國人在南非發現
一群孩子在玩一塊亮晶晶的石頭，仔細一看原來是一塊
價值昂貴的金剛鑽石。很快他們找到了鑽石的原生礦
床，在礦山周圍形成了一個城市，並以當時英國殖民大
臣金伯利的名字來命名。

　　安特衛普：鑽石的加工中心全世界現有16個鑽石交

易所，其中4個設在比利時安特衛普市。

拉特納普拉：寶石城斯里蘭卡因盛產寶石而被譽為「寶石島」。拉特納普拉就是該國的寶石生產中心。

鳥羽：海女珍珠港鳥羽市為日本最著名的珍珠港，世界特有的「海女採珠」就在此地。

仰光：珠寶交易會在珠寶之國緬甸的北部仰光盛產紅寶石和玉石。從1964年起仰光每年都舉辦一屆珠寶交易會。

伊達爾：小孩玩寶石的地方德國的伊達爾山城，以原料加工為主，加工寶石的廠商成千上萬。這兒的小孩是玩寶石長大的。

古貝佩迪：蛋白石寶庫蛋白石又叫做白寶石。全世界90%的蛋白石出自澳大利亞的古貝佩迪。

市場經營必備的十大觀念

一、顧客觀念；二、戰略觀念；三、競爭觀念；四、信息觀念；五、組合觀念；六、開發觀念；七、速度觀念；八、藝術觀念；九、效益觀念；十、政策觀念。

旗艦店

旗艦一詞指載有艦隊或海軍中隊指揮官並懸有指揮官旗幟的船隻，旗艦店一詞來自歐美大城市的品牌中心店的名稱，其實就是城市中心店或地區中心店，一般是某商家或某品牌在某地區繁華地段、規模最大、同類產品最全、裝修最豪華的商店。

通常只經營一類比較成系列的產品或某一品牌的產品，比較常見的有化妝品品牌旗艦店、服裝品牌旗艦店、眼鏡旗艦店、傢俱品牌旗艦店、IT通訊產品的旗艦店等等。旗艦店已經越來越流行，也為應用寫作所關注。

世界500強與《財富》雜誌

「世界500強」是國人對美國《財富》雜誌每年評選的「全球最大五百家公司」排行榜的一種約定俗成的叫法。《財富》雜誌還評選「美國最大五百家公司」、美國和全球最受讚賞的公司、美國青年富豪榜排行榜、全球商界最具權勢25位企業家等一系列排名。

11 世界飲食面面觀

麵包

發酵麵包起源於古埃及。當時埃及人把麵粉加水加鹽，混合在一起，做成麵包。一次，有個人將和好的麵團放在陽光下，忘了拿回去。當他想起來，去拿那塊麵團時，麵團都發起來了。從那時起，人們開始在爐子上烘烤鬆軟的麵包。

第一批公共麵包師產生於古羅馬。到19世紀，人們設計出特製烤爐，這種烤爐可大大減輕麵包師的工作量。

餅乾

150多年前，在法國附近的比斯開灣的海面上，航行著一艘英國帆船。突然，天氣驟變，狂風捲著惡浪向這艘帆船撲來。非常不幸，這艘船觸礁擱淺了。船員們死裡逃生，來到一個荒無人煙的小島上。

狂風停息後，人們紛紛回到船上去找吃的東西。可

是船裡儲存的麵粉、砂糖、奶粉全都被水泡了，撈出來的東西根本不知道是什麼。他們把撈到的東西裝了幾口袋帶回島上，捏成一個個小麵團，用火烤熟了吃。糖、奶油、麵粉糅合在一起，成了混合麵，而且發了酵，烤出來的麵團鬆脆可口。

這些船員回到英國以後，為了紀念這次比斯開灣脫險，用同樣的方法烤製了許多小餅吃，他們把這些小餅命名為「比斯開」。這就是餅乾的由來，「餅乾」就是英語「biscuit」的音譯。

熱狗

據說，最早賣熱狗的人是德國巴伐利亞移民特瓦洛。他本來是在19世紀80年代中期擺賣香腸的小販，因為剛烤熱的香腸非常燙手，他就用小麵包把它包起來，讓顧客一起吃。

大約20年之後，在馬球場上，一個賣這種夾香腸麵包的小販高聲叫賣一種「德國」小臘狗香腸，一位漫畫家覺得以此為創作素材，效果肯定不錯，便將兩條香腸，畫成好像兩隻狗在互相對吠的樣子。他把這幅漫畫題名為「熱狗」，並發表在報紙上。於是人們以後便把夾香腸的麵包叫做熱狗。

三明治

「三明治」原來是大不列顛王國的侯爵封號，三明治侯爵的第四代約翰‧蒙泰古喜歡玩紙牌。他整天沉溺於紙牌之中，玩得廢寢忘食。

有一天，到了吃飯時間，他仍捨不得放下手上的好牌，就吩咐僕人把餐桌上的肉、香腸和麵包片拿來，隨手將肉和香腸夾放在兩片麵包之間，一邊食用，一邊玩牌。以後，這種用兩片麵包夾肉或香腸的吃法就流傳開來，被稱為「三明治」或夾肉麵包。

漢堡包

漢堡包來源於移民北美的歐洲人。當發現美洲這塊「新大陸」後，許多歐洲人紛紛到北美移民。他們中有一批人，乘坐一艘名叫「漢堡——亞美利加」郵輪前往北美。油輪老闆將船上的剩牛肉剁成碎末，摻上麵包渣和洋蔥做成一種麵包肉餅，給船上的客人吃。這種餅既不是麵包，也不是包子，便以這艘船命名為「漢堡包」。

當這批移民到了北美之後，覺得郵輪上的那種餅非常實惠，便做了自己食用。久而久之，「漢堡包」成為北美著名的快餐食品。

薯片

1853年，美籍印度人喬治‧柯魯姆在紐約一家月亮湖飯店當廚師。一天晚上，一客人想吃法式油煎食品，但這個人對飯菜要求十分苛刻，他要求像正宗法國大餐那樣，將油煎食品切得很薄很薄。面對客人嚴格的要求，柯魯姆並沒有生氣。他把馬鈴薯切得像紙一樣薄，然後再將它們放入燒沸的油中。

當他把這些焦嫩香脆的馬鈴薯片放在客人面前時，這位挑剔的客人非常滿意。從此，在這家店前，經常有客人一邊散步、一邊大口大口地嚼著裝在小小紙杯裡的「油炸馬鈴薯片」。

方便食品的由來

早在西元前4000年，古巴比倫人就已學會製作麵包。14世紀，日耳曼人已開始懂得醃製食物、製作乾燥食物。這些都可看作世界上方便食品的萌芽。

1795年，法國一個名叫尼古拉阿勃爾的人發明了食品罐頭。1815年美國建立了世界上第一個罐頭廠，1835年罐頭製造業遍及整個美洲。1923年，美國的「冷凍之

父」阿拉維斯‧柏得依創辦了世界上第一家冷凍公司。

20世紀50年代中期，法國出現「電視熱」，人們為了欣賞電視節目，竟顧不上烹調做飯。為適應新出現的情況，當時推出了一種「電視快餐」，以便人們能把有限的時間擠出來，用作看電視。這種「電視快餐」，將方便食品推向高潮。

20世紀60年代初，歐美國家研製出了新型的食品包裝材料和包裝機械，這種新型的包裝食品可以連包帶物投入沸水中加熱，食用起來非常方便。

泡麵

1955年，日本日清食品公司經理安籘百福在上班的路上，看到人們排著隊等著吃熱麵，就決心製作一種方便的麵條。他買了一台軋麵機，開始嘗試做麵。起初，他在麵裡加了一些鹹肉湯，沒有做出方便的麵條。最後，他將麵條放在模具裡用油炸，附帶一包調料，用塑料紙包裝。這樣，他製作出世界上第一批泡麵。

後來，安籘百福在美國一家百貨店中看到售貨員把泡麵用開水泡在玻璃杯中。他深受啟發，發明了用發泡聚苯乙烯容杯裝入泡麵的方法。現在，中國成為泡麵產量與食用量最大的國家。

盒飯

盒飯是由日本人發明的。日本安士挑山時代（1573年～1600年），當時愛知縣的大名織田信長率領部下，在安士城與別的部隊會師。他給每個官兵發了一份食品，以定量米飯配以鹹菜。這就是盒飯的開始。

江戶時代（1603年～1867年），因為娛樂活動的流行，日本人喜歡成群結隊觀賞櫻花或集體看戲。休息時，有人準備了盒飯。一些生意人從中看出了商機，於是開辦專營盒飯的飯鋪。1885年，宇都宮市火車站首次出現供應旅客的盒飯。

自助餐

自助餐起源於8至11世紀北歐的斯堪的納維亞半島。當時，海盜們每次搶來財物，就由海盜首領出面，大宴群盜，慶祝勝利。但這些海盜們，卻不熟悉也不習慣吃西餐的繁冗禮儀。他們靈機一動，發明了自己到餐檯上自選、自取食品及飲料的吃法。

以後的飯館經營者將這種吃飯方式予以規範化，並豐富了吃食的內容，就演變成今日的自助餐。直到現在，很多西方自助餐廳還冠以「海盜餐廳」的響亮名字。

罐頭

8世紀末，法國皇帝拿破崙率領部隊，征討四方。由於戰線太長，大批食品運到前線後就會腐爛變質。於是他懸賞1.2萬法郎，希望有人能發明防止食品變質的技術和裝備。許多科學家為此費盡心機，但都沒有想出防止食品變質的好辦法。

有個叫尼古拉・阿佩爾的偶然發現，密封在玻璃容器裡的食品如果適當加熱，就不易變質。他深受啟發，便響應政府的懸賞，對食品保藏的方法進行細緻地研究。經過艱苦研究，終於在1804年成功製成玻璃罐頭。

1806年，世界上第一批罐頭食品送上法國的軍艦，請軍人們品嚐。艦長與駐軍司令們一致反映，罐頭食品味道鮮美，為以前的乾、醃食品所不及。1809年，法國政府「長期貯藏陸海軍糧研究委員會」向阿佩爾頒發了1.2萬法郎獎金。

1812年，阿佩爾在巴黎市郊建立了世界上第一家罐頭工廠—「阿佩爾之家」。

可口可樂

可口可樂是由美國一位名叫約翰·彭伯頓的藥劑師發明的。

「我期望創造出一種能提神、解乏、治頭痛的藥用混合飲料。」彭伯頓常對來訪的朋友說。經過不懈地努力，這位藥劑師終於在1886年調製出一種能治療頭痛、腦熱的藥劑配方，這劑配方的主要成分是來自南美洲的兩種果汁「可口」和「可樂」，因此，彭伯頓給它起了個「可口可樂」的名字。

1886年5月8日下午，一個喝醉了酒的酒鬼跌跌撞撞地來到了彭伯頓的藥店。

「來一杯治療頭痛腦熱的藥水。」

營業員拿起了一杯可口可樂。

「這種藥水叫什麼來著？」酒鬼問。

「可口可樂」。

營業員本來應該到水龍頭那兒去盛水，但水龍頭離他有二米多遠，他懶得走動，便就近拿起充氣的礦泉水往可口可樂裡摻。酒鬼一杯接一杯地喝，嘴裡不停地說：「好喝！好喝！」。

酒鬼到處宣傳這種不含酒精的飲料所產生的奇效。在其後幾十年內，世界上無人不知可口可樂。

可口可樂瓶子的由來

美國可口可樂瓶子的由來，和美國婦女的長裙有關。

在印第安納州，有一個以出點子而出名的人，名叫凱普曼‧路德。一天，他和女朋友一同外出購物，突然，路德發現女朋友穿的長裙很漂亮。於是產生一種想法，打算按照長裙的形狀去製造瓶子，而後賣給可口可樂公司。

於是路德立即照長裙的樣子畫了一幅瓶子設計圖，並在專利局申請了專利，而後帶到了可口可樂公司。可口可樂公司決定試用，試用結果，可口可樂大為暢銷。1923年，可口可樂公司以550萬美元的價格，收購了路德的這一專利。

黃油

黃油的歷史可以追溯到五、六千年以前。在一些古印度、古希臘書籍中，我們可以找到關於黃油的記載。不過在那個時候，黃油並不是一種食品，而是被當作藥品或化妝品，有時還作為祭祀神仙的祭品。7世紀，歐洲人才開始食用黃油。

當時人們食用黃油，還帶有一定的迷信色彩。人們認為，黃油是一種很潔淨的食物，不能有半點污濁，甚至多看上幾眼也是褻瀆神靈的。所以在許多地方，黃油普遍由盲人製作。

糖精

糖精，是由俄國人法利德別爾格發明的。他是美國巴爾的摩大學的研究人員，也是一位化學家。

一天晚上，法利德別爾格過生日。夫婦二人請了幾位好友大吃一頓。晚餐開始不久，一位朋友忽然驚訝地說：「喲，好甜的香酥雞塊啊！」另一位朋友也說：「大嫂居然炸的是甜牛排！」晚餐結束後，法利德別爾格夫婦坐在沙發上，想著這個奇怪的甜味。「為什麼香酥雞塊、牛排會變成了甜的呢？」丈夫問。「我可沒有加糖呀！」妻子說。

接下來的實驗，讓法利德別爾格陷入異常的奇怪之中。他取來朋友用過的盤子舔了一下，居然是甜的；他端起裝過菜的大盤子舔一下，那也是甜的；最後，他從口袋取出鉛筆一舔，竟然還是甜的！

忽然，他想明白了：「原來甜味是從這兒來的！一

定是實驗室裡哪樣東西將鉛筆『染』甜的！」

第二天清晨，法利德爾格趕到實驗室，將用過的器皿逐一進行檢查。法利德別爾格發現鉛筆上的甜味和煤焦油有關。從此以後，他集中精力，研究如何從煤焦油中提取甜味物質。後來，他果然從煤焦油中提取出一種甜味劑，並命名為「糖精」。

味精

味精是由日本人發明的。日本東京大學有一位教授，名叫池田菊苗，是一位化學家。1908年盛夏的一個晚上，池田回到家裡，與妻子一道用餐。忽然，他停止了進餐，將目光停在了黃瓜湯上。「今天這碗湯怎麼這麼鮮！湯裡除了海帶和黃瓜，沒有別的東西了嗎？」池田問妻子。「是呀！」妻子回答。「這海帶裡面一定有什麼奧妙！」池田自言自語地說道。

半年以後，他從海帶裡提取出一種叫谷氨酸鈉的物質，正是谷氨酸鈉大大提高了菜餚的鮮味。於是，池田用谷氨酸鈉製成了一種鮮味劑，給它取名為「味之素」，並取得專利。

20世紀初，味之素的廣告在中國鋪天蓋地。工程師

吳蘊初對味之素產生濃厚的興趣，就買了一瓶。很快，他化驗出味之素的主要成分是谷氨酸鈉，於是想造出中國的味之素來。經過一年的努力，他終於提煉出10克白粉似的結晶，其味道與日本的味之素一樣。吳蘊初想：「最香的叫香精，最甜的稱糖精，那麼，最鮮的東西，不妨取名為『味精』。」

巧克力

大約16世紀，西班牙人想方設法，讓巧克力變得很甜。他們將可可粉和香料拌和在蔗汁中，增加了食物的甜度。1876年，瑞士人彼得在上述飲料中再摻入一些牛奶，終於完成了現代巧克力創製的全過程。後來，有人將液體巧克力脫水，濃縮成一塊塊便於攜帶和保存的固體巧克力。

口香糖

在1836年的賈森托戰役中，安納將軍被敵人擒獲。他被釋放後，將一種曬乾的人心果樹膠帶在身邊，去了美國紐約。人心果樹生長在墨西哥叢林中，當地的印第

安人喜歡咀嚼這種樹膠。

在和桑塔‧安納談話時，美國澤西市的冒險家托馬斯‧亞當斯發現他總是從口袋裡掏出一小塊樹膠，放到嘴裡嚼。一天下午，在一家藥店裡，亞當斯在看到店主賣給小女孩一塊可以咀嚼的石蠟。亞當斯想起安納嚼咬的樹膠，就問藥店老闆是否願意賣更好的咀嚼物，老闆表示同意。

亞當斯回家後，就和兒子霍拉肖一起，對安納帶來的樹膠進行加工。一兩天後，亞當斯把加工後的產品一許多圓球，送到藥店出售，結果銷路很好。接著，亞當斯又買進一批樹膠，租下廠房，開始了大批量生產，並遠銷各地。

冰淇淋

古羅馬帝國時代，有位皇帝難耐酷暑，派僕人四處尋找冰雪。一位聰明的廚師，將未化的冰雪從高山上取來，用蜂蜜和水果汁攪拌，讓皇帝喝了解渴，這就世界上最早的冰淇淋。

到了13世紀的時候，馬可‧波羅從中國把牛奶變冰的辦法帶回義大利，結果義大利出現了新的冰淇淋。15

世紀，人們開始使用奶油製作冰淇淋。當今世界上，製作冰淇淋名氣最大的國家是義大利和美國。據說，美國總統華盛頓和傑弗遜都非常愛吃冰淇淋。

蛋捲冰淇淋

1904年，世界博覽會在美國的路易斯州舉行。糕點小販哈姆威在會場外面出售波斯薄餅。由於參加會議的人很多，哈姆威的生意十分興隆，沒幾天就賺了不少錢。一天，哈姆威的攤頭旁邊來了一位賣冰淇淋的小販，小販的冰淇淋賣得很快，不一會兒，盛冰淇淋的小碟便不夠用了。

「這可怎麼辦？」賣冰淇淋的小販愁眉緊鎖，「回家去拿嗎？那麼多顧客等著；附近又買不到小碟，有什麼辦法能解燃眉之急呢？」

熱心的哈姆威看出了賣冰淇淋小販的心事，他靈機一動，把自己的熱煎餅捲成錐形，對賣冰淇淋的小碟說：「夥計，用這個代替小碟怎麼樣？」於是，賣冰淇淋的小販試著把冰淇淋盛在錐形煎餅內出售。結果，冷的冰淇淋和熱的煎餅巧妙地合在一起，出乎意料地受到了人們的歡迎。聰明的哈姆威從中受到了啟發，很快研製出了蛋捲冰淇淋。

咖啡

　　約在西元600年左右，有一個牧羊人，發現他的羊群每到夜晚就會異常興奮地嘶叫。他非常害怕，擔心大禍臨身，只得向教堂的神父求助。神父聽了也很納悶，便花了幾天時間細心觀察羊群。結果，他發現羊群吃了一種不知名的果實。神父將果實吃了一點，發現它可以令人興奮。從此，神父將此果實稱為「去除睡意、清淨心靈的神聖物品」。

　　一位阿拉伯商人從中受到啟發，調製了一種「咖啡豆肉湯」，竟然銷路大振，轟動市井。後來，有人將咖啡豆炒熟、弄碎，用水煮沸，並加食糖，才成為香氣撲鼻的飲料──咖啡。

威士忌

　　「威士忌」一詞源於拉丁語，原來的意思是「生命之水」。早在西元10世紀，愛爾蘭人就發明了威士忌酒。威士忌酒是用麥芽發酵釀造的蒸餾酒，它按選用的穀物品種及水質的不同，分成許多種類。1171年英王亨利二世征服愛爾蘭後，英軍飲用威士忌，來慶祝勝利。

後來，愛爾蘭的移民又將威士忌的釀造技術傳播到蘇格蘭和英格蘭。

香檳酒

遠在兩千多年前，法國香檳地區就開始種植葡萄和釀製葡萄酒了。當時，香檳地區釀製的葡萄酒質量很差，叫灰葡萄酒。

大約1688年，在法國的香檳省有位叫派裡朗的修道士，他對釀酒有極濃厚的興趣。可是由於香檳省地區偏北，陽光不足，天氣寒冷，很難釀出好酒。一次，派裡朗發現他釀出的酒不夠甜，於是往裡加了些白糖。白糖不能完全溶解，他又將酒加熱。不料加熱後放出二氧化碳，冒起小氣泡，變成高級佐餐酒。人們用產地的名字，將此酒命名為香檳酒。

土耳其人的飲茶習俗

土耳其人喜歡飲薄荷茶。在炎熱的夏季裡，土耳其人喜歡在每半杯綠茶湯裡加入三二片新鮮薄荷葉，再加上冰糖。茶湯黃綠，湯麵上漂浮著幾片薄荷葉。薄荷是

清涼劑，具有祛風、發汗、利尿等功效。

薄荷茶是土耳其人最喜歡的一種飲料，由於薄荷比冰糖氣味濃，因此對茶的要求很高，否則會喧賓奪主，失去茶味。

土耳其人特別喜歡中國生產的珠茶和眉茶，這兩種茶具有外形緊秀，色澤濃得起霜，葉底嫩綠販黃等特點。加糖以後，茶味不減，湯色不退，加薄荷葉後，香味不散。

韓國宮廷菜——拌飯

韓國拌飯是宮廷菜之一，拌飯以「全州拌飯」、「晉州拌飯」最為有名。

拌飯裡蘊涵著「五行五臟五色」的原理。菠菜、芹菜、小南瓜、黃瓜、銀杏等五行屬木，利於肝臟。生牛肉片、辣椒醬、紅蘿蔔五行屬火，利於心臟。涼粉、蛋黃、核桃、松子等黃色食品五行屬土，利於脾臟。蘿蔔、黃豆芽、栗子、蛋白是白色食品，五行屬金，利於肺臟。最後，桔梗、海帶、香菇等五行屬水，這些黑色食品利於腎臟。

韓國美食——泡菜

韓國泡菜是朝鮮鹹菜或者高麗鹹菜的別稱，也可稱之為韓國鹹菜。

韓國歷史上曾是農業國，自古就以大米為主食。現在的韓國料理包括各種蔬菜和肉類、海鮮類等，而鹹菜（發酵辣白菜）、海鮮醬（醃魚類）、大醬（發酵豆製品）等發酵食品則成為韓國最具代表性同時也具有豐富營養價值的食品。韓國餐桌文化最大的特點就是所有的料理一次上齊。

日本大醬湯

以前的日本在水田中種植水稻，田埂種植大豆。豆腐、納豆、味精、醬油……日本的食文化，是不能拋開大豆的。一加入熱水，大豆豐富的香味立刻就出來了。磨碎的大豆，所帶來的飲食樂趣，其後還有美味的湯汁。雖然是清淡口味，但還是能感到食物充分的味道和口感。從健康方面來說，備受關注的大豆1天需要攝入26粒，這就是健康的祕訣。從古至今，這是日本人每天餐桌上必不可少的食物。

壽司的起源

1800多年前，壽司已在中國流傳，至西元700年壽司開始傳入日本。當時是一些商旅，用醋醃製飯團，再加上海產或肉類，壓成一小塊，作為沿途的食糧，後來廣泛地流傳日本，當時的配料更用上各種刺身，並名為「江戶散鮨」亦稱「握鮨」，即是現今最受歡迎的壽司。

日本茶道

日本茶道是在「日常茶飯事」的基礎上發展起來的，它將日常生活與宗教、哲學、倫理和美學聯繫起來，成為一門綜合性的文化藝術活動。它不僅僅是物質享受，主要是透過茶會和學習茶禮來達到陶冶性情、培養人的審美觀和道德觀念的目的。

十六世紀末，千利休繼承歷代茶道精神，創立了日本正宗茶道。他提出的「和敬清寂」，用字簡潔而內涵豐富。「清寂」是指冷峻、恬淡、閒寂的審美觀；「和敬」表示對來賓的尊重。

12 世界交通面面觀

飛機

1896年8月12日，德國滑翔機專家奧托·利勃海爾在經過2000多次滑翔之後，失事殞命。這個消息傳到美國俄亥俄州的代頓城，引起了自行車修理工萊特兄弟的極大關注。

這兩位沒有受到高等教育的年輕人，刻苦自學和鑽研，經過無數次模型試驗，在總結前人經驗的基礎上，於1903年秋製造了世界上第一架動力飛機「飛行者號」。

1903年12月17日上午10時35分，「飛行者號」由奧維爾·萊特駕駛，在一個沙丘上做了首次飛行。儘管只飛了35米遠，然而這是人類歷史上第一次成功的動力載人飛行。

以後，經過科學家們無數次的改進，終於有了現代的飛機。

飛行服為什麼沒有鈕釦

西歐某國有一次在舉行陸海空聯合演習中，選派一名技術高超的飛行員駕駛一架先進的戰鬥機充當假想的敵人。可是，不幸的事情發生了：飛機剛剛起飛不久，機翼在空中搖晃了幾下，便一頭栽在機場附近的草地上，「轟」的一聲，火光沖天，機毀人亡。事後查明，這場災難的罪魁禍首竟是一顆小小的鈕釦。

血的教訓告訴人們，必須改進飛行服的設計。現在的飛行服都取消了鈕釦，而代之以拉鏈或尼龍搭扣。同時，為了防止飛行員的衣袖或下擺勾住艙內凸出的部件和開關，人們又把飛行服設計成緊袖、束腰、收擺的「夾克式」。這種樣式一直沿用至今。

波音707

波音707是美國第一代噴氣式客機，它的問世揭開了噴氣式客機的新紀元。

1954年7月15日，在波音公司成立38週年的慶祝會上，該公司製造的美國第一架噴氣式客機試飛成功。這架新型噴氣式客機在美國聯邦航空總局登記時，按照慣

例要經過檢驗，檢驗合格證書上的號碼是「70700」。在美國，「7」是個幸運數字，因此，波音公司的首腦們就決定以「707」作為第一代噴氣式客機代號。從這以後，波音公司在噴氣式客機研製方面發展迅速。幾十年間，「727」、「737」、「747」、「757」、「767」、「777」相繼問世，使波音公司成了名副其實的「空中王國」。

紅綠燈的由來

十字路口指揮交通的紅綠信號燈，最初出現在英國。1868年，英國政府在倫敦議會大廈前，裝了一個交通指示燈，紅色表示停止，綠色表示通行。

中國已故著名電機專家胡汝鼎教授，有一天，他在街上欲穿越馬路，紅燈熄了好大一會兒，綠燈才亮。此時，他正想過去，可是有一輛拐彎的小轎車從他身邊一擦而過，差點出事故。這引起了他的深思，怎樣能使行人穿越馬路時更安全呢？他突然萌發出一個想法：在紅綠燈中間再裝上一個其他顏色的燈，專門用於提示車輛轉彎，不就解決問題了嗎？用何種顏色呢？他想到了黃色：這是所有色譜中明度最高的顏色，它的易見性僅次

於紅、橙。黃色玻璃的透光能力最強，黃色本身又寓警告之意。不久，他的想法被當局採納，即用黃色指揮信號燈來指示車輛轉彎，提醒行人穿越馬路時注意。

從那以後，紅、黃、綠三色交通指揮信號燈就豎立在世界各地的馬路交叉路口了。

火車

火車通常被認為是英國人喬治‧斯蒂芬遜發明的。

1809年的一天，煤礦一輛運煤車壞了，許多機械師都修不好，他修好了，於是被任命為工程師。就在這時，斯蒂芬遜聽說有人想把蒸汽機用作陸路交通的動力，製造「能行走的蒸汽機」，他對這一設想發生了極大的興趣。1814年，終於發明了一台機車。這台蒸汽機由於在前進時不斷從煙囪裡冒出火來，所以人們稱它為「火車」。它能拖得動30多噸貨物，但速度很慢，而且樣子難看。

斯蒂芬遜於1825年試製成功世界上第一台客貨運蒸汽機車。這年9月27日，這輛機車舉行試車典禮。1929年，斯蒂芬遜建造了更加完善的火車，至此，火車，終於得到了全世界的公認。

地下鐵道

英國倫敦的地下鐵道是世界上最早建造的地下鐵道。地下鐵道於1860年開始建造，經過三年的努力，終於在1863年將地下鐵道建造成功。

倫敦的這條世界上最早的地鐵全長21公里，為雙線隧道，距地面較近。由於這條地下鐵道運送能力大，速度快，噪音小，運行安全可靠，又不影響城市的地面建築，因而很快引起了其他國家的重視。隨後，許多國家紛紛倣傚。

高速公路

「高速公路」是在20世紀初才開始出現的。在第一次世界大戰中，德國為了戰爭的需要，1921年在柏林率先開始修建了第一條高速公路。不過，這條高速公路只有10公里長，且並不標準。

直到1933年，德國建造了一條從柏林至漢堡之間的標準得多的高速公路。1937年美國接著修建了加州第一條高速公路。而迄今為止，建成高速公路最多的是美國。

立體交叉橋

　　為了車流暢通，並安全地通過交叉路口，1928年，美國首先在新澤西州的兩條道路交叉處修建了第一條首蓿葉形公路交叉。1930年，芝加哥建起了一座立體交叉橋。1931年至1935年，瑞典陸續在一些城市修建起立體交叉橋。從此，城市交通開始從平地走向立體。

汽車牌照

　　1901年，在柏林才出現了第一輛有牌照的汽車。它的主人是當時的大商業家魯道夫·赫茲格，車牌上有「IA1」字樣。

　　在一次晚宴上，有記者問魯道夫車牌上的符號是什麼意思，他說：「『IA』是我未婚妻姓名前面的字母，現在她已是我的夫人了。至於用『1』這個數字，是表示我對她的一片忠誠，也就是說，她是我第一個、同時也是唯一的心上人。」原來，汽車的牌照最初只是魯道夫對他妻子忠貞愛情的表白罷了。

世界上最早的蒸汽汽車

世界上最早的蒸汽汽車是1769年由法國的陸軍技術官尼古拉斯‧約瑟夫‧居紐製造的。是三輪汽車，車身木製的，車上有個鍋爐。鍋爐的後面裝有兩個汽缸。由蒸汽推動裡面的活塞上下運動，然後通過曲拐傳給前輪，使車輪轉動。

世界上第一位女汽車司機

內燃機驅動的汽車問世已110年。目前全世界擁有汽車達5億輛，汽車司機當超過此數。那麼，誰是世界上第一位女司機？

當年，德國工程師卡爾‧本茨造出世界上第一輛汽油機汽車後，由於人們對汽油爆炸懷有恐懼心理，誰也不敢開這輛車。

有一天，本茨夫人背著夫君偷偷將車子從車庫開上了大街，轉了一圈又開回車庫，車子完好無損。本茨喜出望外：不僅汽車試開成功，而且自己的老婆成了世界上第一位女司機。

吉普車

　　吉普車的產生和美國民眾富於開拓冒險精神分不開。1940年，美國威利斯汽車公司研製了一種多用途越野用車。該車有714馬力，是當時同類車驅動力的3倍。這種車速度快，主要用來輸送步兵營裝備的輕武器，且可作通訊、偵察和指揮車。這種車的名字叫「GP」，來自英文General Purpose Car的縮寫。由於這種車與美國漫畫家施格1937年創作的漫畫形象中的「jeep」很相似，因此美國士兵也把這種越野車稱作「吉普」。

　　後來「Jeep」就成了所有同類車的代名詞，而施格創作的那個「吉普」則鮮為人知了。

人行橫道線

　　人行橫道線一般在城市街道的拐彎、T字、十字等路口，因它潔白、醒目，像斑馬身上的白斑紋，因而又稱為斑馬線。

　　早在古羅馬時代，義大利龐貝市的一些街道上，人、馬、車混行，交通經常堵塞，事故經常發生。為了解決這個問題，人們把人行道加高，使人與馬、車分離。

　　後來，又在接近馬路口的地方，橫砌起一塊塊凸出路面的石頭，叫做跳石，作為指示人通過的標誌。行人可以踩著跳石穿過馬路，而跳石剛好在馬車的兩個輪子中間，馬車可以安全通過。

　　19世紀出現了汽車。汽車的速度及其危險性都超過了馬車，所以，跳石已與此不相適應了。經過多次試驗，於19世紀50年代初在英國倫敦的街道上，首先出現了當今這種橫格狀的人行橫道線，這就是第一條人行橫道線的由來。

自行車的由來

　　世界上第一輛自行車出現於1790年，由法國人希布拉克用木材製成，沒有腳蹬，靠雙腳交替踏地前進。1801年，俄國人阿爾塔莫諾夫發明了一輛輪子前後掛著的小車。這位發明家把它作為禮物獻給了俄國沙皇。1831年，德國人德列斯發明了車把，可以方便地轉彎。1839年，英國人麥克米倫發明了腳踏，裝於前輪上。1880年，法國人基爾梅發明了鏈條，用它帶動後輪旋轉。1888年，英國人鄧勒普發明了充氣車胎。

海底隧道

　　英法之間的英吉利海峽海底隧道世界聞名，它極大地方便了英國和歐洲大陸的交通。海上交通受天氣條件的影響很大，一旦有大風或大霧，輪渡就要被迫中止。海峽是海陸交通的要道，既解決這種橫跨海峽、海灣的交通運輸問題，同時又不妨礙海峽、海灣中船隻的正常航行，各國開始建造海底隧道。

　　英吉利海峽隧道是當代海底隧道的典範。它聯結英法兩國，全長53公里，海底部分有38公里，投資170億美元，是世界上造價最高的海底隧道工程。

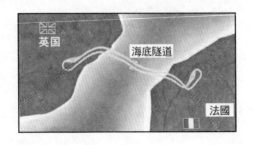

13 世界稱謂面面觀

西方貴族爵位

爵位是歐洲封建君主國內分封貴族的等級制度。它最早出現於中世紀，在近代的一些國家中仍然繼續沿用。一般以佔有土地的多少來確定分封爵銜之高低，主要可分為公爵、侯爵、伯爵、子爵、男爵這五等。

公爵

在貴族中，公爵是第一等級，地位最高。這個爵名的由來有三：一是歐洲氏族社會解體時期，日耳曼部落的軍事首長；二是古代羅馬部落的軍事首長；三是古羅馬時代的邊省將領，後指地方軍政長官，其拉丁文原意為「統帥」。在英國，公爵最初是由十四世紀的英王愛德華三世分封的，被封為公爵的全是王室成員。十五世紀後才打破這慣例，少數非王室人員也被封為公爵。

侯爵

侯爵是貴族的第二等級。查理大帝在位時它是指具有特別全權的邊區長官，相當於藩侯，查理曼帝國分裂後，變成了獨立的大封建領主。

封建王權加強後，侯爵成為公爵與伯爵之間的爵銜，其地位與其他伯爵相等，十到十四世紀後，才確認侯爵的地位在伯爵之上。

伯爵

在羅馬帝國時，伯爵是皇帝的侍從，掌管軍、民、財政大權，有時也出任地方官吏，封建制度強化後，伯爵可割據一方，成為世襲的大封建領主。後來，其地位漸次低落，介於侯爵與子爵之間，為貴族的第三等級。在英國，伯爵之銜歷史最久，在1237年黑王子愛德華被封為公爵之前，它是英國最高的爵位。這一爵名，來源於斯堪的納維亞半島的丹麥。

子爵

　　子爵原系法蘭克王國的國家官吏名，最早是由國王查理曼於八世紀時封的，後來傳到歐洲其他大陸國家。起初，子爵是伯爵的副手，後來獨立存在，也可世襲。子爵爵位到十五世紀才傳入英國，博蒙德·約翰於1440年第一個被封為英國子爵，其地位在男爵之上。

男爵

　　男爵是貴族爵位中最低的一級。在11至12世紀時，它是歐洲君主國國王或大封建主的直接附庸。在英語中，男爵一詞，是諾曼人在征服歐洲大陸時引進來的，本義為「只不過是普通的人」，後來演變為「強有力的人」。

　　當時，英國的那些直接從國王那兒得到土地的大佃主，概可稱為男爵，但這並非由國王分封。到了1387年理查二世約翰·比徹姆為男爵後，男爵才成為英國貴族的正式爵位。

天皇

天皇是日本國君主的稱號，日本國家元首和國家的象徵。天皇是世界歷史上最長的君主制度。由於被認為不同於普通的日本人，天皇與其家族沒有姓，日本憲法也未賦予其公民權。雖然裕仁以後的日本天皇已宣佈完全放棄歷史上其被賦予的「神性」，但多數日本人仍認為天皇代表著「國家」。

沙皇

在中世紀的俄國，沙皇這個稱號指最高統治者，俄語中沙皇一詞中的「沙」來自拉丁語愷撒的轉翻譯音，就是「大皇帝」的意思。中文則半音譯半義譯，翻譯成「沙皇的」。

沙皇是俄羅斯帝國皇帝1546年到1917年的稱呼。第一位沙皇是伊凡四世，最後一位沙皇是尼古拉二世。1721年彼得大帝改名皇帝。但直到1917年為止，俄國的統治者一直都稱為沙皇。

元首

　　羅馬共和國時代，元首指的是元老院的第一名元老，即首席元老。西元前29年，古羅馬的三位實力派人物之一屋大維，憑借自己雄厚的軍事力量，重新統一了古羅馬。西元前28年，屋大維當選為執政官。他以執政官的身分對元老院進行了「清洗」。清洗後的元老院增加了大批擁護屋大維的新貴，從此元老院成為屋大維的權力工具。

　　屋大維在表面上宣佈恢復共和制。可實際上呢，羅馬共和國的一切重要官職都落到了他的身上。他是終身執政官、終身保民官、大祭司長及首席法官。接著，元老院又授予他「奧古斯都」及「元首」的稱號。從此，元首與執政官合二為一。西元前27年，就是羅馬帝國的開始。

首相

　　首相，是外國的一種官職。這一官職的工作內容是主持內閣會議，大致相當於中國古代的宰相。但在18世紀以前，哪個國家都沒有設立這一職位，內閣會議都由

國王主持。

到英國喬治一世時期，由於他是德國人，不會講英語，聽不懂內閣大臣們議論政務，就不參加內閣會議，由大臣們在閣員中推選一人主持。喬治一世時期的治安大臣沃波爾起的作用頗似現在的首相。18世紀以後，在各國的內閣中便正式有了「首席大臣」或「首相」這一官職了。

總統

總統是共和制國家的最高行政元首名稱。總統制源於美國。

1787年，美國聯邦憲法被制定了出來。當時，剛獲得獨立的美利堅合眾國13個州的代表55人，在費城獨立廳召開了制憲會議，商討憲法的訂立。憲法規定：國家行政大權賦予總統，總統任期四年，由各州選舉的總統候選人選出；總統是最高的行政首長，又是武裝部隊的總司令；總統經參議院同意，有權任命部長、外交使節、最高法院法官以及政府其他官員；總統還有權批准或否決國會通過的法案。

1789年1月，根據憲法，美國舉行歷史上第一次大

選，美國獨立戰爭的傑出領導人華盛頓，當選為美利堅合眾國第一任總統。他也是世界上第一位總統。

法老

在古埃及時代，「法老」是對國家最高君主的稱呼。「法老」一詞最早出現於埃及的古王國時代，是希臘語的音譯，當時的意思是「大房子」，嚴格說是指「宮殿」。

在古埃及第十八王朝，有一位法老，被稱為圖特摩斯三世。他還在幼年的時候，他的父親圖特摩斯二世不幸去世，他受群臣擁戴，與女王哈特河普蘇特共同執政。後來不久，哈特河普蘇特把持朝政，把圖特摩斯視為眼中之釘、肉中之刺。圖特摩斯被放逐到卡納克神廟，和僧侶們生活在一起。

22年後女王去世，他又東山再起，重新執政。這位君主在位期間，多次率領部隊進行遠征，不斷開疆拓土，使埃及成為一個空前的大帝國。他的幸運也是古埃及的幸運。後來的歷史學家把他稱為「歷史上第二個偉大的征服者」和「古代埃及的拿破崙」。

自此他被尊稱為法老。法老才正式成為君主的尊稱，日後埃及的歷代君主也都沿用了這一稱號。

領事

　　翻開一部中國近現代史，我們經常可以看見「領事糾紛」、「領事談判」之類的詞。其實，領事是由一國政府派駐外國某一城市和地區的外交官員，主要任務是保護本國和它的僑民在該領事區的法律權利和經濟利益，並管理僑民事務等。領事這一官職源於義大利。

　　中世紀中葉，在義大利的沿海城市裡，先後出現了資本主義生產方式。為了國與國、地區與地區之間的商品交換更加方便，許多商人常常往來於中東、西班牙等地，其中一些人乾脆定居在那裡經商。

　　這些人在外地做生意，他們之間常常會發生商務糾紛，彼此爭得個面紅耳赤。為了解決糾紛，他們互相充當仲裁或調停人。

　　剛開始，這種角色並不固定，後來就選舉一個或幾個專門的人充當專門的仲裁人，稱作「商人仲裁領事」。世界上最早的領事便是於此時登上歷史舞台的。

大使

根據歷史記載，最早的外交代表可追溯到4000多年前的古埃及。那時候，古埃及王國派遣專門人員出使亞洲國家。這批專門人員被稱為信使。

古希臘時，一些使節應運而生了，他們被稱為「普列斯維斯」。這個詞來自希臘語，意為長老。使節出使前，國家專門機構會向他們頒發訓令。訓令寫在兩塊打過蠟的合成木板上，稱為外交。現代意義上的外交即起源於此。

14世紀，歐洲出現了資本主義萌芽，各國為了經濟利益加強各自的聯繫。為了適應當時各國外交的需要，威尼斯共和國最早將駐外使節變為常駐代表。到了16世紀末，常任駐外大使興盛於一時。遇有重大外交任務，國家還要派特命大使出使執行。直到今天。大使在權限上要高於公使，成為駐外使節中地位最高者。

老闆

17世紀初，荷蘭印度公司開始在現在的紐約市建立貿易站。他們用極低的價錢，買下許多土地，然後又轉

手賣給地主們。

為了賺更多的錢，不少荷蘭殖民者乾脆在那裡定居下來。在從事商業活動的過程中，荷蘭人將領隊的人稱為「戶主」，而後又稱「監工」，又改稱為「監督徒弟的工人師傅」。最後，有人提議叫「老闆」。

經過一番討論，大家一致同意叫「老闆」。隨著時間的推移，「老闆」這個名稱成了美國的俚語。

時裝模特兒

1573年，義大利修道士聖‧馬樂爾柯用木料和黏土製作了一個類似玩偶的人體模型，並用零碎的麻布加以裝飾。這種早期的人體模型很快傳入法國。

後來，巴黎的一位女裁縫利用這種人體模型向顧客展示新式服裝，收到了意想不到的效果，結果，其他女裁縫爭相倣傚。當時，人們稱這種穿上時裝的人體模型為「時裝模特兒」。

人體時裝模特兒發明者是英國時裝設計大師沃恩，據說，他20歲時來到法國巴黎，在一個新式服裝店當銷售員。1846年，他為推銷一種披肩服裝，讓店裡漂亮的小姐瑪麗‧韋爾納穿上招待顧客。結果取得成功，而瑪

麗也成為他的妻子。

從1851年起，他在巴黎又以「沃恩」為名開了一家自己的服裝店，並雇了幾個年輕女子專做招待顧客的工作，服裝生意相當興隆，使得許多服裝商紛紛效仿。

於是，女模特兒便很快在法國大批量出現，並迅速遍及了歐洲。據說，這就是最初人體時裝模特兒的由來。

空中小姐

1930年5月以前，機上的乘客是由副駕駛員負責兼職照料的。

一天，舊金山一家醫院裡，護士埃倫‧丘奇小姐與波音航空公司駐舊金山董事史蒂夫‧斯廷帕森談天。當她聽說駕駛員忙得不可開交時，便說：「您不能僱用女乘務員嗎？女孩子的天性，是可以勝任空中小姐工作的。」

於是，埃倫小姐和其他七位護士，成了世界上第一批「空中小姐」。以後，各國民航也紛紛傚法，「空中小姐」成為各國民航業的一道亮麗風景。

節目主持人

1952年美國第34屆總統大選。美國哥倫比亞廣播公司新聞節目負責人米克爾森挑選具有豐富經驗的記者沃爾特‧克朗凱特主持報道這一年的美國兩黨代表大會。

米克爾森和製片人唐‧休伊特認為,為了使報道顯得更有力,必須把一些主要新聞都串接起來,並進行一番概括、總結。休伊特把這種設想比作體育運動中接力賽跑的最後一棒,持棒人即「主持人」。「持」就是拿的意思,所謂「主持人」即主要拿(棒)的人。於是,克朗凱特便成了世界上第一個節目主持人。

科學家

「科學家」這個詞在拉丁文中是「Scien」,即瞭解的意思。有人曾對科學家下過這樣的評語,說他們具有「敏銳的觀察、精細的實驗、謹慎的分類、證據的搜集、結論的判斷等素質。」

然而,作為研究天文科學的「天文學家」卻早在大約1400年前英文文獻中已有了記載。「數學家」的名稱比「天文學家」遲20多年才出現。「化學家」出現於14

世紀左右。「動物學家」、「植物學家」於17世紀才有。「生物學家」、「心理學家」、「地質學家」是與「科學家」一詞幾乎同時問世的。

記者

16世紀，威尼斯是歐洲的經濟中心，各國商人、銀行家以至達官貴人等紛紛來到這裡，進行商務活動。他們迫切需要瞭解和掌握來自世界各地的消息。

這樣，有些人便投其所好，專門採集有關政治事務、物價行情、船隻抵達起航等方面的消息，或手抄成單卷，或刊刻成冊，然後公開出售。

人們根據這種工作的特點，分別稱他們為報告記者、手書新聞記者、報紙記者。這些專以採集和出賣新聞為生的人，就是世界上最早的職業記者。中國19世紀70年代開始有專職的採訪記者，起初叫「訪員」、「訪事」、「報事人」，19世紀90年代開始採用「記者」這種稱謂。

14 世界禮俗面面觀

「吻」的由來

　　吻在非洲某些國家和地區，不只限於表示男女之戀，它還寄寓尊敬和關心之意。非洲土著居民視酋長為「父母官」，人們爭相親吻酋長走過的地面，以此表示祝福和對酋長的推崇。古羅馬時期，皇帝允許最高級的貴婦人和寵臣吻他的嘴唇，次者吻他的手，庶民只能以吻皇帝的膝蓋和腳背為「殊榮」。

　　世界上還有一種吻光頭的禮俗。在比利時王國的裡茲鎮附近的桑朗村，每年的春秋兩季，都有一批來自德國、荷蘭、法國和比利時等地的「光頭佬」來這裡「朝聖」，他們見面後以互吻一下對方的禿頭為樂趣。

　　親吻這個詞也可以指不接觸嘴唇而表達情感的動作。

　　英語Eskimo Kiss是指兩個人輕輕地觸碰鼻尖，在新西蘭的毛利人文化之中被稱為「Hongi」。

　　英語Butterfly Kiss是指兩個人將眼睛靠近在一起，並且在另一人上面揮動睫毛。

　　「飛吻」可以只是手和嘴的一組動作。當兩人之間的距離比較遠，但互相可以看到對方，就可以用飛吻來傳遞感情。一個人面對一群人時，也可以飛吻。

　　親吻可產生快感激素；加速熱量消耗；預防牙科疾病；讓肺泡深呼吸防止皺紋產生。

║ 握手禮

　　說法一：戰爭期間，騎士們都穿盔甲，除兩隻眼睛外，全身都包裹在鐵甲裡，隨時準備衝向敵人。如果表示友好，互相走近時就脫去右手的甲冑，伸出右手，表示沒有武器，互相握手言好。後來，這種友好的表示方式流傳到民間，就成了握手禮。當今行握手禮也都是不戴手套，朋友或互不相識的人初識、再見時，先脫去手套，才能施握手禮，以示對對方尊重。

　　說法二：握手禮來源於原始社會。早在遠古時代，人們以狩獵為生，如果遇到素不相識的人，為了表示友好，就趕緊扔掉手裡的打獵工具，並且攤開手掌讓對方看看，示意手裡沒有藏東西。後來，這個動作被武士們學到了，他們為了表示友誼，不再互相爭鬥，就互相摸一下對方的手掌，表示手中沒有武器。隨著時代的變

遷，這個動作就逐漸形成了現在的握手禮。握手是我們日常生活中最常用到的禮節。

說法三：來源於原始社會。當時，原始人居住在山洞，他們經常打仗，使用的武器是棍棒。後來他們發現可以消除敵意，結為朋友，而最好的表達方式是見面時先扔掉手中棍棒，然後再揮揮手。

舉手禮

中世紀時，騎士們常在公主和貴婦們面前比武。在經過公主的坐席時，騎士們要吟唱一首讚美的情詩，其詩裡往往都把公主比作炫目的太陽，騎士們要把手舉起來做擋住陽光的姿勢，借此一睹公主芳容，表示虔敬。後來，這種動作便演變成為見到尊敬的人就把手舉到眉上，形成舉手禮，並一直沿用下來。

脫帽禮

這個禮節來源於冷兵器時代，當時，作戰都要戴頭盔，頭盔多用鐵製，十分笨重。戰士到了安全地帶，首先是把頭盔摘下，以減輕沉重的負擔。這樣脫帽就意味著沒有敵意，如到友人家，為表示友好，也以脫盔示

意。這種習慣流傳下來。就是今天的脫帽禮。

從中世紀早期以來，脫帽一不論這帽子是布做的還是金屬的一都表示服從。

降半旗致哀

當某個國家的重要領導人物逝世後，以降半旗表示對死者的哀悼。這種做法最早見於1612年。一天，英國船哈茲‧伊斯號在探索北美北部通向太平洋的水道時，船長不幸逝世。船員們為了表示對已故船長的敬意，將桅桿旗幟下降到離旗桿的頂端有一段距離的地方。

當船隻駛進泰晤士河時，人們見它的桅桿上下著半旗，不知何意。一打聽，原來是以此悼念死去的船長。到17世紀下半葉，這種致哀方式流傳到大陸上，遂為各國所採用。

禮炮二十一響

鳴禮炮二十一響作為最高禮儀的習俗起源於英國。17～18世紀，英國已成為「日不落」帝國，世界幾乎每一塊大陸都有它的殖民地。英國軍艦駛過外國炮台或駛

入外國港口時，蠻橫的要求所在國向他們鳴炮郅禮，以示對英國的尊重和臣服。作為回禮，英艦一般鳴禮炮七聲。但是，英艦鳴一聲禮炮，別國應報三聲。這樣三七二十一聲禮炮的習俗就誕生了。後來，隨著英國逐漸走下坡路，英艦也開始改為鳴二十一響禮炮，以示平等，實則是對昔日已去輝煌的無可奈何地哀歎。

禮炮二十一響是最高規格，以下按單數逐級遞減直到一響，用於較低的禮儀。

碰杯

傳說古希臘人注意到這樣一個事實，在舉杯飲酒之時，人的五官都可以分享到酒的樂趣：鼻子能嗅到酒的香味，眼睛能看到酒的顏色，舌頭能夠辨別酒味，而只有耳朵被排除在這一享受之外。怎麼辦呢？希臘人想出一個辦法，在喝酒之前，互相碰一下杯子，杯子發出的清脆的響聲傳到耳朵中。這樣，耳朵就和其他器官一樣，也能享受到喝酒的樂趣了。

「剪綵」儀式

上世紀初葉，在美國的一個鄉間小鎮上，有家商店即將開業。店主為了阻止蜂擁而至的顧客在正式營業前闖入店內，將用以優惠顧客的便宜貨爭購一空，便隨便找來一條布帶子拴在門框上。

誰曾料到這項臨時性的措施竟然更加激發了擠在店門之外的人們的好奇心，他們更想早一點進入店內，對即將出售的商店先睹為快。

正當店門之外的人們有些迫不及待的時候，店主的小女兒牽著一條小狗突然從店裡跑出來，將拴在店門上的布帶子碰落在地。人們誤以為這是該店為了開張誌喜所搞的「新把戲」，於是立即一擁而入，大肆搶購。讓店主轉怒為喜的是，他的這家小店在開業之日的生意居然紅火得令人難以置信。

剪綵，從一次偶然的「事故」發展為一項重要的活動程序，再進而演化為一項隆重而熱烈的儀式的過程之中，其自身也在不斷發展，不斷變化。

各國新年的婦女風俗

朝鮮：新年第一天，少女頭戴一種麻制的帽子，稱為「福巾」，身著帶花紋的五色服裝，開展蕩鞦韆比賽。鞦韆時而騰空而起，時而俯衝而下。她們以樹梢或樹花為目標，看誰先踢到或咬到；有的在高處掛一銅鈴，看誰能碰響，就為優勝者。

印度：年初三家家戶戶都有婦女張燈結綵。據說在若干年前，人民抵抗異族侵略，這一夜勝利歸來，妻子們都在家張燈迎接自己的丈夫。此後每年這天都有婦女張燈掛綵，妻子在家裡用燈照自己丈夫的臉，以討吉利。

瑞典：新年清晨由家裡最年輕的婦女穿上白衣裙、腰繫紅帶、頭戴點了蠟燭的冠冕，整天迎客侍候，給客人們送飲料、遞點心。

巴西：婦女們開展很奇特的登山運動。在新年半夜時鐘敲響十一點，她們便高舉火把，開始登山，在山上尋找幸福的「金樺果」。她們認為，誰登得快，先找到這種稀果，誰一年中就平安無事。

巴基斯坦：新年這天，就將紅粉塗在親朋的臉上，表示道喜。年輕婦女常常把紅水射到親友身上，以討吉利。

不同國家商人的習俗

　　法國人忌諱別人問他的家庭私事和探聽生意祕密，法國禮節要求你把自己的身分列到名片上。

　　西班牙人歷來喜歡黑顏色，因此，在和西班牙人打交道時，以穿黑色皮鞋為宜，切勿穿棕色皮鞋；西班牙商人很實惠，在和他們談生意時，應該盡量把服務工作安排周到，並盡可能將產品的樣品送到他們手裡。

　　德國人比較注重形式。德國北部，商人要穿上坎肩並戴上氈帽以顯示自己的身分，在德國要以職銜相稱，如果他是博士，就要時刻記在心上，並反覆使用這個稱呼；德國人喜歡熱烈的握手；當德國人離開時，最好幫忙把外衣穿上。另外，德國商人的時間表安排很緊，他們討厭漫無邊際的閒聊。

　　瑞士人對老牌公司非常崇拜，以致到了迷信的程度。在和瑞士商人打交道時，你必須想法讓他們知道你的公司成立的時間，如果是在19世紀成立的，那對你和他們接洽生意將更有利。

　　東歐一些國家，如波蘭、捷克、匈牙利、羅馬尼亞、保加利亞、東德，他們對待西方商人的態度非常熱情，如果能以貸款方式向他們出售貨物，你將得到上賓

的禮遇。

　　蘇聯，商人切忌稱呼俄國人，因為「俄國人」的原意是俄羅斯人，而和你打交道的商人可能是愛沙尼亞人，也可能是吉爾吉斯人或土庫曼人。

　　在瑞典，人與人之間的關係中佔上風的是不干涉原則。和他們做生意，一定要注意分寸，涉及到政治、家庭、私事之類，千萬不要多言，也不要充當不速之客。

西方忌諱「13」

　　西方人為什麼忌諱「13」。這一忌諱源於兩種傳說：

　　其一，傳說耶穌受害前和弟子們共進了一次晚餐。參加晚餐的第13個人是耶穌的弟子猶大。就是這個猶大為了30塊銀元，把耶穌出賣給猶太教當局，致使耶穌受盡折磨。參加最後晚餐的是13個人，晚餐的日期恰逢13日，「13」給耶穌帶來苦難和不幸。從此，「13」被認為是不幸的象徵。「13」是背叛和出賣的同義詞。

　　其二，西方人忌諱「13」源於古代神話。北歐神話中，在哈弗拉宴會上，出席了12位天神。宴會當中，一位不速之客一煩惱與吵鬧之神洛基忽然闖來了。這第13位來客的闖入，招致天神寵愛的柏爾特送了性命。

西方人點菸忌「3」

西方人點菸忌「3」說來有一段小典故。

1899年，英國和荷蘭為爭奪南非殖民地而交戰。當時還沒有什麼現代化武器，於是持步槍的狙擊手大顯神威。晚上，許多士兵往往由於抽菸暴露目標而被對方擊斃，而死者多為點第三根菸的人。因此，他們認為給朋友或給自己點第三根菸，是不吉利的事。雖然這種說法是不科學的，但它在西方人中已形成了一種忌諱習俗。所以，當你遇上這種情況時，在點了第二根菸後，要不嫌麻煩，把火熄滅後再給第三個人點上。

鈕釦「女左男右」由來

鈕釦的出現是在十三世紀前後。初時人們把它作為裝飾品只釘在男人們的衣服上。因為美觀大方，女服亦採用了。但是男女服的鈕釦為什麼男右女左呢？因為男人裝束打扮不依賴別人，而女性，尤其是貴婦人、太太、小姐，則要傭人幫助梳妝打扮，為便於女傭人與女主人相對時能應用右手扣鈕釦，才將鈕釦在左邊。

男性把鈕釦釘在右邊的另一層道理是因為中世紀男

人們隨時都有角鬥和戰鬥的可能。為了護好持刀有力的右手免遭寒冷，設計師們絞盡腦汁把男鈕釦釘在右邊，好讓他們可隨時把手伸進衣服內取暖。

紅色作危險標誌的由來

太陽光譜包括紫外線、可見光和紅外線三大部分。其中可見光部分，由紅、橙、黃、綠、青、藍、紫7種單色組成，且紅光波長最長。

太陽光射入大氣圈後，遇到空氣分子和懸浮在大氣中的微粒，就會發生散射，而波長較長的紅、橙、黃等色光的透射能力較強，能夠透過大氣到達地面。

由於紅光透射能力強、傳播遠，又最為醒目，所以許多危險標誌及其他重要標誌都採用紅色。這樣，人們在灰塵瀰漫或大霧茫茫的情況下，也能夠在較遠的距離看到紅色標誌。

訂婚戒指

1477年，奧地利皇帝麥士米尼深深地愛上了保根地的一位漂亮的公主瑪利。為了得到瑪利，麥士米尼派人

送去了一枚特製的鑽石戒指，這枚戒指用鑽石鑲成了一個英文字母「M」，是瑪利的縮寫。就是由於這枚戒指打動了瑪利的心，奪得了瑪利的愛情。

從此以鑽石戒指作為訂婚信物，便成為西方人的傳統。

小費

當前服務行業通行給小費，其實給小費源於18世紀英國倫敦。那時，當地酒店的餐桌上一般都擺著寫有「toinsure prompt service」的碗。顧客落座後，將少量零錢放入碗中，就會得到服務人員迅速而周到的服務。

後來，這種做法演變成為感謝服務人員而付給的報酬。上面幾個英文單詞的頭一個字母聯起來，就成了「tips」（小費）。

決鬥

決鬥最早出現於古巴比倫、古希臘等奴隸制國家，到中世紀時期，決鬥在歐洲十分盛行。最初，決鬥是神明裁斷的一種方式。

　　決鬥雙方各有自己的證人，由證人約定決鬥的時間、地點。決鬥使用的武器依決鬥者身分等級的不同而有所差別，古時用劍，後改用槍。決鬥時雙方應離開一定距離，誰開第一槍由抽籤決定。

　　有些沒有能力進行決鬥的人，如婦女、殘廢人等，還可以找人代為決鬥。

　　以後法律雖然有了一些改變，決鬥不再是一種解決糾紛的裁斷方法，但是作為一種習慣，一直難以摒棄。直到20世紀初，隨著社會文明程度的提高和法律的普及，決鬥被各國明令禁止並逐漸消失。

吹生日蠟燭

　　據說，這一習俗源於希臘。古希臘，人們都信奉月亮女神阿耳特彌斯。在她每年的生日慶典上，人們總要在祭壇上供放蜂蜜餅和很多點亮著的蠟燭，形成一片神聖的氣氛，以示對月亮女神特殊的崇敬之情。

　　隨著時間的推移，古希臘人在慶祝他們孩子生日的時候，也愛在餐桌上擺上糕餅等物，並在上面放上很多點亮的小蠟燭，同時也加進一項新的活動——吹滅這些點亮的蠟燭。

他們相信燃亮著的蠟燭具有神祕的力量，如果讓過生日的孩子在心中許下一個願望，然後一口氣吹滅所有蠟燭的，那麼孩子的美好願望就能夠實現。

婚紗的由來

戴婚紗的習俗可以追溯到更早。在西元前10世紀，當時兩河流域就已盛行女子戴頭紗。在古希臘，舉行結婚儀式時不僅新娘要戴亞麻或毛織成的頭紗，而且一對新人都要戴上花冠。

到了羅馬時代，不同宗教信仰的人要戴不同顏色的頭紗以示區別。中世紀以後，宮廷貴族之中出現了用珍珠裝飾的花冠。爾後，發展成白色頭紗，並且尺碼日益延長，並遍及歐洲各地。

如今，有許多年輕人在舉行結婚典禮、拍攝結婚照時，新娘大多數喜歡戴上潔白婚紗。因為白色象徵愛情純潔、吉祥如意。

佩戴黑紗

在古代歐洲許多原始民族中，只要有人去世，死者的親屬立刻把自己偽裝起來：或在身上塗黑色泥巴，穿上乾草衣服；或用黑布將全身包裹起來。他們的用意是想把死神嚇跑或不讓死神認出來。

在古代歐洲，如果一個貴族死了，他的僕役都要為他穿黑色喪服志哀。有一次，一個英國公爵死了，這時，他的一個僕役在購不起喪服的情況下，首創用一塊黑紗佩戴在左臂上表示志哀。就這樣，節儉易行的佩黑紗喪禮在全世界廣泛流傳開了，而且被許多國家所效仿。

男人剪短髮

在過去的一段歷史時期，無論國內，還是國外，男人和女人都是長髮，只是梳頭盤髮的方式有所不同。

歐洲到了文藝復興時期，男人普遍流行戴假髮，而且假髮同女人的頭髮一樣長。19世紀以後，歐洲才形成了男人留短髮、女人留長髮的風俗。

中國留短髮是在辛亥革命以後，那時認為男人剪掉清朝的長辮子就是「革命」。故而有「留頭不留命，留命不留頭」的說法。

理髮店三色標誌的含義

理髮店前面紅藍白交叉旋轉的圓柱。這個標誌，全世界通用，它的由來有兩種說法：

第一：傳說在十八世紀末法國資產階級民主革命時期，巴黎一位革命者被敵人追捕，跑到一家理髮店躲了起來。敵人追到理髮店的時候，理髮師們機智的說走那些敵人，保護了這個革命者。法國資產階級革命勝利後，政府為了表彰理髮師對革命作的貢獻，就在理髮店門口裝上象徵法國國旗上藍白紅三色的圓柱。

第二：傳說在法國大革命時期，巴黎的地下革命者分散在各個街區活動，由於通信聯繫等都很不發達，不像現在手機，電話，電腦的。於是，為了革命的方便，革命領導人就和理髮行業商量，用理髮店的圓柱為標誌，規定就是，哪家的理髮店圓柱旋轉了，就在哪家活動，後來革命勝利，理髮店前的圓柱就成了革命的象徵。而全世界的人都覺得理髮店前放這個能旋轉的三色柱很好看，就紛紛的效仿。

紋身

　　紋身分兩種，一種是刺青，即在身上刺某種圖案或文字。因刺進皮下，所以難以去掉。另一種是在人體上彩繪，可以隨時洗掉。近年來，還有一種不乾膠彩畫，往身上一貼即可。

　　在原始人類時期，古人就會用白泥或染料在身上、臉上畫出紋絡。用以美化自己，並可嚇唬敵人。紋身也是原始社會崇敬圖騰和裝飾藝術的反映。中國古代江南吳越一帶有紋身的習俗，雕鏤皮膚作為紋身，後來由仲雍的小孫女以刺繡服裝取代紋身。

　　現在世界各地還有各種紋身風俗。最近，又興起人體彩繪藝術，這雖與原始的紋身有本質區別，但都是紋身的延伸。

⑮ 世界節日面面觀

▌▌平安夜

　　平安夜又稱聖誕夜，即12月24日，在大部分基督教社會是聖誕節日諸節日之一。但現在，由於中西文化的融合，已成為世界性的一個節日。

　　平安夜傳統上是擺設聖誕樹的日子，但隨著聖誕節的慶祝活動提早開始進行，例如美國在感恩節後，不少聖誕樹早在聖誕節前數星期已被擺設。

　　聖誕之夜必不可少的慶祝活動就是聚會。大多數歐美家庭成員團聚在家中，共進豐盛的晚餐，然後圍坐在熊熊燃燒的火爐旁，彈琴唱歌，共敘天倫之樂；或者舉辦一個別開生面的化裝舞會，通宵達旦地慶祝聖誕夜是一個幸福、祥和、狂歡的平安夜、團圓夜。聖誕之夜，父母們會悄悄地給孩子們準備禮物放在長筒襪裡。

▌▌聖誕節

　　每年12月25日是全世界大多數基督徒紀念耶穌誕生的日子，俗稱聖誕節。

　　教會開始並無聖誕節，約在耶穌升天後百餘年內才有。據說：第一個聖誕節是在西元138年，由羅馬主教聖克裡門倡議舉行。而教會史載第一個聖誕節則在西元336年。由於聖經未明記耶穌生於何時，故各地聖誕節日期各異。直到西元440年，才由羅馬教廷定12月25日為聖誕節。西元1607年，世界各地教會領袖在伯利恆聚會，進一步予以確定，從此世界大多數的基督徒均以12月25日為聖誕節。十九世紀，聖誕卡的流行、聖誕老人的出現，聖誕節也開始流行起來了。

復活節

　　《聖經・新約全書》記載，耶穌被釘死在十字架上，第三天身體復活，復活節因此得名。復活節是基督宗教最重大的節日，重要性超過聖誕節，宗教起源與節期在歐美各國。按《聖經・馬太福音》的說法，耶穌基督在十字架上受刑死後三天復活，因而設立此節。根據西方教會的傳統，在春分節（3月21日）當日見到滿月或過了春分見到第一個滿月之後，遇到的第一個星期日即為復活節。東方教會則規定，如果滿月恰好出現在這第一個星期日，則復活節再推遲一周。因此，節期大致在3月22日至4月25日之間。

情人節

　　情人節，又叫聖瓦倫丁節或聖華倫泰節，即每年的2月14日，是西方的傳統節日之一。男女在這一天互送巧克力、賀卡和花，用以表達愛意或友好，現已成為歐美各國青年人喜愛的節日。大概這世上有多少情人就有多少關於情人節來歷的詮釋吧。和中國人現在用近乎狂熱的熱情過起了聖誕節一樣，情人節也已經悄悄滲透到了無數年輕人的心目當中，成為中國傳統節日之外的又一個重要節日。

　　在中國，農曆七月初七的夜晚，天氣溫暖，草木飄香，這就是人們俗稱的七夕節（中國情人節）。

國際植樹節

　　中國最早在1915年規定每年的清明節為植樹節。後於1929年把植樹節改為每年的3月12日。這是為了紀念孫中山先生。

　　古代猶太人把每年一月份後半月的一天作為植樹節；美國規定每年4月份的最後一個星期為全國性的植樹節；日本則把每年4月份的1至7日稱為「綠化周」；

有些國家和地區還規定凡婚嫁或生了小孩,都要植樹,稱為「新婚林」、「添口林」等等。據統計,目前世界上已有四五十個國家規定了植樹節。

愚人節

　　愚人節也稱萬愚節,是西方也是美國民間傳統節日,節期在每年四月一日。愚人節已出現了幾百年,對於它的起源眾說紛紜。一種說法認為這一習俗源自印度的「詮俚節」。該節規定,每年三月三十一日的節日這天,不分男女老幼,可以互開玩笑、互相愚弄欺騙以換得娛樂。愚人節較普遍的說法是起源於法國。1564年,法國首先採用新改革的紀年法格里曆,以1月1日為一年之始。但一些因循守舊的人反對這種改革,依然按照舊歷固執地在4月1日這一天送禮品,慶祝新年。主張改革的人對這些守舊者的做法大加嘲弄。聰明滑稽的人在4月1日就給他們送假禮品,邀請他們參加假招待會。並把上當受騙的保守分子稱為「四月傻瓜」或「上鉤的魚」。從此人們在4月1日便互相愚弄,成為法國流行的風俗。18世紀初,愚人節習俗傳到英國,接著又被英國的早期移民帶到了美國。

母親節

　　母親節是由一位名叫賈維斯的婦女倡導，並由她的女兒安娜‧賈維斯發起創立的。

　　賈維斯夫人是一個有著10個子女的母親，是當時美國格拉夫頓城教會主日學校的總監。在美國以解放黑奴為目的的南北戰爭結束後，她在學校裡負責講述美國國殤紀念日的課程。

　　賈維斯是一位心地善良，極富同情心的女人。她講述著戰爭中那一個個為正義捐軀的英雄的故事，望著台下那一張張充滿稚氣的孩子們的臉，一個想法猛然湧上心頭：為祖國貢獻了這麼多英勇戰士，保證了戰爭勝利的，不就是那一個個含辛茹苦地撫育著子女的母親們嗎？她們的兒子血染疆場，承受了最大的痛苦和犧牲的，不也是這些默默無聞的母親嗎？因此，她提出應該設立一個紀念日或母親節，給這些平凡的女人一些慰藉，表達兒女們對母親的孝思。可惜的是，這個良好的願望還沒有實現，賈維斯夫人便與世長辭了。

　　她的女兒安娜‧賈維斯目睹母親撫養自己和兄弟姐妹成人的辛勞，深感母親的提議是適合天理人心的。因此，她寫出了幾十封信，發給美國國會、地方州長和婦

女組織等,提議創立母親節。在她的一再呼籲下,這一提議得到了社會上的廣泛響應和支持。

1914年,美國總統威爾遜鄭重宣佈,把每年5月的第二個星期天,也就是賈維斯夫人的忌日,定為母親節。美國政府還規定,母親節這天,家家戶戶都要懸掛國旗,以表示對母親的尊敬。由於賈維斯夫人生前喜愛康乃馨花,這種花也就成了母親節的象徵。

父親節

這個節日各國不同,但起源是由約翰‧布魯斯‧多德夫人倡議成立的。多德夫人早年喪母,她有5個弟弟,姐弟6人的生活負擔全落到了父親身上。父親每天早出晚歸,無微不至地關心著孩子們的成長,自己則過著節衣縮食的節儉日子。

多德長大以後,根據自己的切身體會,深感父親這種自我犧牲的精神應該得到表彰。做父親的也應該像母親們那樣,有一個讓全社會向他們表示敬意的節日。於是,她給華盛頓州政府寫了一封言辭懇切的信,建議以她父親的生日,每年的6月5日作為父親節。州政府採納了這一建議,但把節期改在每年6月的第三個星期日。

　　1972年，在各方的強烈呼籲下，美國總統尼克森簽署了建立父親節的議會決議，使其成為全國性的節日。在這一天，子女們一早起來，自己動手為父親做一頓豐盛的早餐，並親手端到父親床前。孩子們還要製作一些精美的小禮品送給父親。與母親節一樣，在父親節這天，人們也在胸前佩戴特定的花朵。一般來說，佩帶紅玫瑰表示對健在父親的愛戴，佩帶白玫瑰則表達對故去父親的悼念。

　　在中國，民國三十四年的八月八日，正值中國對日抗戰達到白熱化，上海名人為了激勵全國同胞奮發圖強、團結力量，以期早日消滅日本人，發起「父親節」來頌揚紀念在戰場上為國捐軀的父親們。上海市民們立即響應，熱烈舉行慶祝活動。抗日戰爭勝利後，上海市各界名流仕紳，聯名請上海市政府轉呈中央政府，定「爸爸」諧音的八月八日為全國性的父親節。

「三八」國際婦女節

　　1910年8月，在丹麥首都哥本哈根召開了國際社會主義者第二次婦女代表大會。出席會議的有17個國家的代表，會議討論的主要問題是反對帝國主義擴軍備戰，

保衛世界和平；同時還討論了保護婦女兒童的權利，爭取8小時工作制和婦女選舉權問題。

領導這次會議的著名德國社會主義革命家、傑出的共產主義戰士克拉拉‧蔡特金倡議，以每年的3月8日作為全世界婦女的鬥爭日，得到與會代表的一致擁護。從此以後，「三八」婦女節就成為世界婦女爭取權利、爭取解放的節日。1917年，俄國婦女號召在2月23日罷工以要求「麵包和和平」，抗議惡劣的工作環境和食物短缺。這天依據俄國使用的儒略歷是當月的最後一個星期日，折合成歐洲廣泛使用的格理高歷是3月8日。

「五一」國際勞動節

1886年5月1日，美國芝加哥等城市的35萬工人舉行大罷工和遊行示威，要求實行8小時工作制、改善勞動條件。這場鬥爭震撼了整個美國。工人階級團結戰鬥的強大力量，迫使資本家接受了工人的要求。美國工人的這次大罷工取得了勝利。

1889年7月，由恩格斯領導的第二國際在巴黎舉行代表大會。為了紀念美國工人的這次「五一」大罷工，顯示「全世界無產者，聯合起來！」的偉大力量，推進

各國工人爭取八小時工作制的鬥爭，會議通過決議，規定1890年5月1日國際勞動者舉行遊行，並決定把5月1日這一天定為國際勞動節。

「六一」國際兒童節

國際兒童節，它是保障世界各國兒童的生存權、保健權和受教育權，為了改善兒童的生活，為了反對虐殺兒童和毒害兒童的節日。大多數國家通常定為每年的6月1日。

1925年8月在瑞士日內瓦召開的關於兒童福利的國際會議上，首次提出了「國際兒童節」的概念。

這次大會有54個國家的愛護兒童代表，聚集在瑞士日內瓦舉行「兒童幸福國際大會」，通過《日內瓦保障兒童宣言》。宣言中，對於兒童精神上應有的享受、貧苦兒童的救濟、兒童危險工作的避免、兒童謀生機會的獲得，以及怎樣救養兒童等問題，均有熱烈討論。

自此次大會後，一方面藉以鼓舞兒童，讓兒童感到幸福、快樂，另一方面也為引起社會重視與愛護，各國政府都先後訂定「兒童節」。

世界各國的女性節

日本的「少女節」和「母親節」：3月3日是日本的「少女節」，也稱「姑娘節」；10月份第3個星期日則是「母親節」。

希臘的「巴布節」：這一天婦女們盡情歡樂，男人必須在家中料理家務，不得探聽婦女活動的內容，違者將被抓問罪。

德國的「太太節」：每年8月是德國的太太節。

美國的「母親節」：節日在5月份的第二個星期日。

尼泊爾的「婦女節」：節日在4月，歷時3天。

西班牙的「女市長節」：每逢2月是西班牙的「女市長節」。節日裡，婦女們不僅放下家務盡情歡樂，而且主掌鎮上公務，發號施令，不接受者，被視為懦夫。

法國的「女性節」：節日當天，廣場上放滿長短粗細不一的圓木，參加活動的女性要一斧將圓木劈開，否則被淘汰，最後獲勝者為當年的「劈木女工」。

泰國的「母親節」：泰國每年8月12日定為「母親節」。節前，要開展「優秀母親」評選活動。

世界天文、曆法常識面面觀

世界著名的天文學家

阿里斯塔恰斯（約西元前200年）：希臘人，日心說的提倡者。

喜帕恰斯（約西元前100年）：希臘人，古代最偉大的天文學家。

托勒玫（約西元100年）：希臘人，在他著名的天文專著《大綜合論》中，論述了喜帕恰斯的研究工作。

哥白尼（1473～1543年）：波蘭天文學家，日心說（即「地動說」）的創始人。

第谷‧布拉赫（1546～1601年）：丹麥人，傑出的天文觀察家。

伽利略（1564～1642年）：義大利科學家，於1609年製造出一架望遠鏡，成為第一個使用這種儀器的偉大天文觀察家。

開普勒（1571～1630年）：法國人，第谷‧布拉赫的助手，發現了行星運動定律，其中第一條定律指出行

星沿著橢圓軌道繞太陽運行。

牛頓（1642～1727年）：傑出的英國科學家和數學家，提出萬有引力定律，解釋為什麼天體會運動，並計算出它們的軌道。

哈雷（1656～1742年）：曾任第二任英國皇家天文台台長，以研究彗星而著名。他指出哈雷彗星（科學界以他的名字來命名）以前按一定時間間隔規律出現過許多次。

愛因斯坦（1879～1955年）：美國物理學家和數學家。他的相對論使許多天文學概念產生了變化。

洛厄爾（1885～1916年）：美國人，正確預言太陽系存在著第九顆行星——冥王星。（天文界至今仍爭論不休的話題）

哈勃（1899～1953年）：美國人，研究銀河系外宇宙空間的先驅。

世界曆法體系

按曆法的性質分為三大類：西方體系，主要以平太陽曆為主；東方體系，是以陰陽曆為主；中亞伊斯蘭體系，主要以平太陰曆為主。

其中，中華分系以定陰陽曆為主的分系，是中華文化圈內的曆法體系。

第五空間

根據愛因斯坦廣義相對論，人類生存的三維空間加上時間軸即構成所謂四維空間。然而，美國哈佛大學理論物理學家、曾經榮登《時尚》雜誌的美女教授麗莎·藍道爾卻大膽假設，地球上可能還存在著「第五度空間」。這一革命性的理論一經提出，國際物理學界為之震驚。由於歐洲原子核研究中心目前正在瑞士和法國邊境興建一個世界上規模最大的質子對撞實驗室，麗莎的瘋狂假設屆時將有望與宇宙的起源和結構等諸多問題一起得到驗證。

哈雷彗星

哈雷1656年出生在倫敦附近的哈格斯頓。1673年進入牛津大學女王學院學習數學。

哈雷對彗星似乎情有獨鍾。1680年，哈雷在法國旅遊時看到了有史以來最亮的一顆大彗星。兩年後，也就

是1682年，又看到了另一顆大彗星。這兩顆大彗星在他心中留下了極為深刻的印象。

1682年8月，天空中出現了一顆用肉眼可見的亮彗星，它的後面拖著一條清晰可見、彎彎的尾巴。這顆彗星的出現引起了幾乎所有天文學家們的關注。

1695年，已是皇家學會書記官的哈雷開始專心致志地研究彗星。他從1337年到1698年的彗星記錄中挑選了24顆彗星，用一年時間計算了它們的軌道。發現1531年、1607年和1682年出現的這三顆彗星軌道看起來如出一轍，雖然經過近日點的時刻有一年之差，但可能解釋為是由於木星或土星的引力攝動所造成的。這顆彗星後來被稱為哈雷彗星。

星座

1.北極星正在「小熊」的尾巴頂端，屬於小熊座。

2.牛郎星又稱河鼓二，古稱牽牛星，位於天鷹座。

3.織女星是天琴座中最亮的一顆星。

4.比鄰星又稱南門二丙星，是距太陽最近的恆星，位於半人馬座。

5.天狼星正在「獵犬」的鼻子上，是冬季南天最亮的一顆恆星，位於大犬座。

十二星座

摩羯座
12.22~1.19

水瓶座
1.20~2.18

雙魚座
2.19~3.20

白羊座
3.21~4.19

金牛座
4.20~5.20

雙子座
5.21~6.20

巨蟹座
6.21~7.21

獅子座
7.22~8.22

處女座
8.23~9.22

天秤座

9.23～10.22

天蠍座

10.23～11.21

射手座

11.22～12.21

西元

「西元」是公歷的紀元，始行於6世紀，它原是以傳說耶穌基督誕生那一年作為西元元年，從西元6世紀到10世紀，逐漸成為基督教國家通用的紀元，所以原先也叫「基督紀元」。後來被世界多數國家所公用，於是就改稱「西元」，常用AD表示。

在歷史書上，耶穌誕生前的年代被稱為「西元前」，常用BC表示；耶穌誕生那年以後的年代是「西元後」，簡稱「西元」。西元元年相當於中國西漢平帝元始元年。

世紀

「世紀」一詞，來源於拉丁文，意思是100年，也是從耶穌誕生那一年算起：西元元年至100年為一世紀，101年到200年為2世紀，以此類推，現在是21世紀，2001年是21世紀的第一年。

年代

「年代」是指一個世紀中的某一個10年，如說20世紀80年代，就是指從1980年開始的那10年。中國在1912年1月1日由於孫中山在南京宣誓就職，宣告了「中華民國」政府的成立，就以這一年為民國元年，改用公歷。中華人民共和國成立後正式採用西元紀年。

標準時間的由來

標準時間，又稱格林尼治時間。格林尼治是倫敦的一個區，位於倫敦東南泰晤士河南岸，有「倫敦咽喉」之稱。英國皇家格林尼治天文台就座落在那裡。該天文台是1675年英王查理二世在位建造的。

　　格林尼治天文台被人們稱作是「時間開始的地方」。在那裡制定出來的時間，即標準時間，決定著全世界所有地方的時間。

　　1880年，英國國會作出決議，以格林尼治時間為全國的標準時間。

　　1884年，20多個國家代表，在華盛頓召開國際子午線會議。會議作出決議，將英國格林尼治天文台（舊址）埃裡中星儀的子午線作為世界「時區」的起點，其他地區以此類推。例如中國的首都北京處於東八區的位置。

　　1948年，格林尼治天文台遷至英格蘭東南角的赫斯特蒙蘇的一座小山上。舊址則成了一處供遊人觀賞的勝地。

一周為什麼是七天

　　西元前期2000年左右，巴比倫人創立了星期的紀日制度。他們建有七星壇，其七層從上到下，依次以太陽、月亮、火星、水星、木星、金星、土星為各層祭的神，每天祭祀一位神，七日為一週期。

　　「星期」就是各星期值日的日期。所以，七日週期又稱為七曜星期周，從星期日、星期一到星期六，又稱為日曜日、月曜日、火曜日、水曜日、木曜日、金曜日和火曜。我中古代曆法也有二十八宿「七曜」之說。

星期與禮拜

星期是公曆中的一種特殊記日方法，它以七天為一個週期，循環往復，而且遠在公曆產生之前就被人們使用了。在中國，周代初期曾把一個朔望月分為四等分，並分別命名為初吉（初二至初八）、既生霸（初九至十五）、既望（十六至二十二）、既死霸（二十三至初一）。

古巴倫人也用一日、七日、十四日、二十八日將一個朔望月分成四部分，每一部分正好七天，他們還把這七天分別配上一個天體的名字，即星期日至星期六分別對應太陽、月亮、火星、水星等。星期的產生與月亮的圓缺變化有密切關係。

禮拜是基督教使用的詞。他們相信上帝七天創造了世界、耶穌七天復活的說法，因此規定每七天舉行一次參拜上帝的宗教儀式，這就是禮拜日的本意。

一天到底有多長

現在一天是24小時，然而過去的一天只有十幾個小時甚至幾小時，將來的一天會長達三十多小時甚至更長。

　　這一結論是天文學家根據地球自轉速度在緩慢減速這一規律推斷出來的，後來古生物學家根據珊瑚外殼上的「年輪」，證實了這一推斷的正確性，根據這一規律推知，在地球形成之初，一天約為4小時，三十億年前，一天約為10至11小時，十三億年前，一天只有18小時左右，五億年前，一天約有21小時，兩億年前，一天是23小時，六千萬年前，一天約為23.7小時，而現在，一天是24小時…

　　如果地球自轉仍然均勻減速，那麼，兩億年後，一天將會有25小時，十億年後，一天就會的30多個小時，在更加遙遠的將來，一天的時間會變得更長，到那時，真可謂是「度日如年」了！

公歷二月為什麼是28天

　　現在曆法的改變是自古羅馬的凱撒大帝開始的，他把一年365天分為12個月，單數月份31天，雙數月份30天，這樣就是366天，就比一年多了一天，怎麼辦？凱撒大帝就把2月減去一天，這樣2月就只有29天了，因為2月在古羅馬認為是個災難月，當然希望這個月的時間越短越好。所以當時的2月是29天的，而非現在的28天。

凱撒歸西後，奧古斯都繼承王位，他發現了一個現象，就是凱撒大帝生日的月份7月是31天，而自己生日的月份8月卻只有30天，這個傢伙心裡非常不平衡，這豈不是說自己不如凱撒嗎？於是，他對曆法做了改變，把8月也變為31天！這樣，就多出了一天，怎麼辦？於是，他又將2月的29天再減去一天，這樣，2月就只有28天了。並且，他把8月以後的月份的天數也與凱撒時的規定做了調換，即變成了：9，11月份各30天，10，12月份各31天。

　　因此，我們現在的2月只有28天，完全是奧古斯都的私心所造成的。

天氣預報

　　中國古代天氣預報主要是依靠一定的天氣現象，比如人們觀察到晚霞之後往往有好天氣。這樣的觀察積累多了形成了天氣諺語。不過許多這些諺語後來被證明是不正確的。

　　從17世紀開始科學家開始使用科學儀器來測量天氣狀態，並使用這些數據來做天氣預報。但很長時間裡人們只能使用當地的氣象數據來做天氣預報，因為當時人

們無法快速地將數據傳遞到遠處。1837年電報被發明後人們才能夠使用大面積的氣象數據來做天氣預報。

20世紀氣象學發展迅速。人類對大氣過程的瞭解也越來越明確。1970年代數字天氣預測隨電腦硬體發展出現並且發展迅速，今天成為天氣預報最主要的方式。

▌▌ 地球小常識 ▌▌

年齡：46億歲。

公轉週期：約365天。

回歸年長度：365.2422天。

公轉軌道：呈橢圓形。7月初為遠日點，1月初為近日點。

自轉週期：恆星日：約23小時56分4秒。

太陽日：24小時。

自轉方向：自西向東。

黃赤交角：黃道面與赤道面的交角。23。26

極半徑：是從地心到北極或南極的距離，大約3950英里（6356.9公里）（兩極的差極小，可以忽略）。

赤道半徑：是從地心到赤道的距離，大約3963英里（6378.5公里）。

平均半徑：大約3959英里（6371.3公里）。這個數字是地心到地球表面所有各點距離的平均值。

體積：10832億立方公里。

質量：5.9742×10^{21}噸。

平均密度：$5.515 g/cm3$。

地球表面積：5.1億平方公里。

海洋面積：3.61億平方公里。

大氣：主要成分：氮（78.5%）和氧（21.5%）。

地殼：主要成分：氧（47%）、硅（28%）和鋁（8%）。

表面大氣壓：1013.250毫巴。

衛星（天然）：1顆（月球）。

地面面積：ra＝$6378137 \sim 6.378 \times 523m$。

天體運行的軌道通常都有哪幾種

通常天體軌道可以有橢圓，雙曲線，拋物線，圓形四種軌道類型，這幾種軌道除了橢圓和圓形軌道可以天體返回外，雙曲線，拋物線天體都不能返回。

月球為什麼同步自轉

我們把公轉週期和自轉週期相同的自轉叫同步自轉，月球的公轉週期和自轉週期都是27.32天，也就月球總有相同的一面面對著我們，另一面是見不到的。同步自轉決定於，月球質量分佈的不均勻性和地球的引力的大小。

月球質量的中心和月球的幾何中心（球心）不重合，而地球的質量又足夠大，拉住月球的質心而不使其圍繞自己軸心自由旋轉，這就形成了同步性。但由於月球慣性和月球公轉的不穩定性，所以月球還出現「天平動」，我們看到的月球表面不是50%而是59%左右。

天文學上的儒略日是怎麼回事

在天文學有一種連續紀日的儒略日（JD），它以儒略曆西元前4713年1月1日的GMT正午為第0日的開始。還有一種簡化儒略日（MJD）：

MJD=JD-2400000.5

MJD的第0日是從公歷1858年11月17日的GMT零時開始的。

　　需要注意：儒略曆西元前4713年1月1日相當於公曆西元前4713年11月24日。

為什麼大多數星體都是球形的

　　因為大多數星體都有自轉，由於自轉使星體上的物質產生了離心力，而它的引力又使星體上的物質不能脫離該星體，所以就均勻地分佈在星體周圍，由於線速度的不同，星體上的物質會向該星體的赤道附近移動，從而形成了扁球（一種橢球體）。

17 世界科技面面觀

▌生命科學

　　生命科學是研究生命現象、生命活動的本質、特徵和發生、發展規律，以及各種生物之間和生物與環境之間相互關係的科學。用於有效地控制生命活動，能動地改造生物界，造福人類生命科學與人類生存、人民健康、經濟建設和社會發展有著密切關係，是當今在全球範圍內最受關注的基礎自然科學。

▌社會科學

　　社會科學是以社會現象為研究對象的科學。它的任務是研究與闡述各種社會現象及其發展規律。社會科學所涵蓋的學科：哲學、政治學、經濟學、管理學、法學、社會學、心理學、教育學、倫理學、文學、美學、藝術學、邏輯學、語言學、史學、地理學、軍事學、人類學、考古學、民俗學、新聞學、傳播學在內的22門社會學科。

自然科學

自然科學是研究無機自然界和包括人的生物屬性在內的有機自然界的各門科學的總稱。認識的對象是整個自然界，即自然界物質的各種類型、狀態、屬性及運動形式。

自然科學各領域：天文學、生物學、自然地理學、地質學、化學、地球科學、生態學、物理學、農學、力學、心理學、控制論、數學、自然科學小作品、自然科學模板、自然科學著作、自然科學。

空間科學

空間科學是指利用航天器研究發生在日地空間、行星際空間乃至整個宇宙空間的物理、天文、化學及生命等自然現象及其規律的科學。空間科學以航天技術為基礎，包括空間飛行、空間探測和空間開發等幾個方面。它不僅能揭示宇宙奧祕，而且也給人類帶來巨大的利益。

科學的創始人

地心說——亞里士多德

未來學——弗勒希特海姆

遺傳學——孟德爾

世界語——柴門霍夫

相對論——愛因斯坦

人口論——馬爾薩斯

太陽中心說——哥白尼

基因學說——摩爾根

現在天體學——刻卜勒

生物進化論——達爾文

顯微鏡創始人——列文虎克

電影電燈發明者——愛迪生

細菌染色法、固體培養基發明者——柯赫

牛痘接種法——琴納

磺胺發明者——杜馬克

萬有引力——牛頓

鏈黴素發明者——華斯曼

青黴素發明者——弗來明・席予扎

世界科技名人

開普勒：德國天文學家，提出了行星運行的三大定律。著有《宇宙的神祕》、《新天文學》等。

牛頓：英國科學家，提出了牛頓三大定律和萬有引力定律。著有近代科學奠基性巨著《自然哲學的數學原理》。

法拉第：英國物理學家，發明了世界上第一台電動機。為後人留下了電磁感應定律。

達蓋爾：法國發明家。1837年創造出了最早的實用攝影方法。

哥白尼：波蘭天文學家，創立了日心說，著有《天體運行論》。

麥哲倫：葡萄牙航海家，第一次完成環球航行，證明地球是圓的。

伽利略：義大利科學家，提出了自由落體理論。

道爾頓：英國科學家，創立了原子論。

拉瓦錫：法國科學家，第一個提出化學反應中物質不滅定律。

達爾文：英國生物學家，創立了進化論，著有《物種起源》。

馬可尼：義大利發明家，發明了無線電通信。

貝爾：蘇格蘭發明家，1871年發明了電話。

居禮夫人：發現了放射性元素鐳。

佛萊明：英格蘭醫學家，發明了青黴素。

諾貝爾獎

　　諾貝爾獎是以瑞典著名化學家、工業家、硝化甘油炸藥發明人諾貝爾的部分遺產作為基金創立的。諾貝爾獎包括金質獎章、證書和獎金。

　　1896年12月10日，諾貝爾在義大利逝世。逝世的前一年，他留下了遺囑。在遺囑中他提出，將部分遺產（3100萬瑞典克朗，當時合920萬美元）作為基金，基金用於低風險的投資，以其每年的利潤和利息分設物理、化學、生理或醫學、文學及和平、經濟學獎、地球獎七項獎金，授予世界各國在這些領域對人類作出重大貢獻的人或組織。

世界科學之父

醫學之父：古希臘渡克拉特斯

科學之父：古希臘泰勒斯

動物學之父：古希臘亞里士多德

植物學之父：古希臘提阿弗勒斯脫

物理學之父：古希臘阿基米得

礦物學之父：德國礦物學家阿格裡科拉

代數之父：法國數學家韋達

量學之父：丹麥第谷

生物化學之父：比利時范·赫爾蒙特

恆星天文學之父：英國天文學家赫歇耳

近代化學之父：法國化學家拉瓦錫

現代化學之父：英國化學家道爾頓

地質學之父：英國賴爾

天體物理學之父：德國天文學家夫琅和費

照相機之父：法國達蓋爾

近代醫學之父：法國巴斯德

科學幻想之父：法國儒勒·凡爾納

電波之父：英國麥克斯韋

核子科學之父：英國物理學家盧瑟福

無線電之父：英國馬克尼

計算機之父：英國數學家馮・諾依曼

雜交水稻之父：中國袁隆平

世界航天史上10個第一

1、第一顆人造地球衛星

蘇聯於1957年10月4日，發射的「衛星一號」是世界上第一顆人造地球衛星。

2、第一顆載人宇宙飛船

蘇聯於1961年4月12日發射的「東方號」宇宙飛船，是世界上第一艘繞地球軌道飛行的載人飛船。

3、第一個進入太空的人

是蘇聯著名宇航員加加林。

4、第一個登上月球的載人飛船

1969年7月20日，美國「阿波羅11號」登上了月球，成為世界上第一艘在月球著陸的載人飛船

5、第一個登上月球的人

美國太空人阿姆斯壯

6、第一個空間站

蘇聯於1971年4月發射的「禮炮1號」是世界上第一

個空間站。

7、第一架可重複使用的航天飛機

美國的哥倫比亞號，1981年4月12號，進入地球軌道，繞地球飛行36圈，歷時54小時分鐘。

8、第一個進行太空行走的宇航員

1975年7月15日，蘇聯宇航員列昂諾夫進行了太空行走。

9、第一個做無安全鎖太空行走的宇航員

美國宇航員麥坎德里斯於1984年2月7日，在不系安全帶的情況下走出了機艙。

10、第一個在艙外作業的女宇航員

蘇聯的斯韋特蘭娜·薩維茨卡亞於1984年7月25日走出正在太空運行的蘇聯「禮炮7號」空間站艙外。她是世界上第一個完成艙外作業的女宇航員。

二十世紀主要科學成就

1900年，德國的普朗克提出量子假說。

1905年，愛因斯坦提出狹義相對論。

1909年，丹麥的約翰遜提出基因遺傳學。

1912年，德國魏格納提出大陸漂移說。

1913年，丹麥波爾提出原子結構假說。

1915年，愛因斯坦完成廣義相對論。

1916年，愛因斯坦完成受激輻射理論（雷射）。

1919年，英國盧瑟福首次實現人工核反應。

1926年，美國摩爾根創立了基因學說。

1931年，美國卡羅瑟首次合成纖維尼龍。

1931年，美國楊基思發現無線電波。

1939年，美國紐約實現第一次電視直播。

1945年，美國費米試驗成功第一顆原子彈。

1946年，美國埃克特發明了第一台電子計算機。

1953年，美國活森選定DNA模型。

1957年，蘇聯發射第一顆人造衛星。

1960年，美國梅曼製成第一台雷射器。

1966年，高錕、霍克提出光纖傳輸信息的設想。

1969年，美國登月成功，並首創因特網。

1975年，英國製成單克隆拉體。

1986年，瑞士、德國發現陶瓷材料的超導體。

1987年，美國、中國獲得高溫超導體。

1990年，美國成功發射哈勃太空望遠鏡。

二十世紀的20項重大科學發現

1. 塑料

2. 智商測驗

3. 愛因斯坦相對論

4. 血型

5. 農藥

6. 電視

7. 植物培育

8. 網絡系統

9. 抗菌素

10. 湯恩頭蓋骨

11. 原子裂變

12. 大爆炸理論

13. 避孕藥

14. 抗精神病藥物

15. 電子管

16. 電腦

17. 晶體管

18. 統計學

19. 脫氧核糖核酸

20. 雷射

二十世紀自然科學的4大發現

1. 相對論。

2. 原子結構和基本粒子的發現與量子學。

3. 電子計算機的發明與控制論、信息論和系統論。

4. 分子生物學，特別是核酸的分子結構和遺傳密碼
   的發明。

化學史之最

《道爾頓》：最先提出科學的原子論。

《范特霍夫》：最早獲得諾貝爾化學獎。

《戴維》：化學史上發現元素最多的化學家。

《拉瓦錫》：最早用天平作為研究化學的工具。

《門捷列夫》：最早提出元素週期律。

《盧瑟福》：最先提出核原子模型。

《阿倫尼烏斯》：最早提出電離理論。

《阿佛伽德羅》：最先提出分子的概念。

《維勒》：最先破除無機物和有機物的界限。

《侯德榜》：最先發明聯合制鹼法。

諾貝爾獎之最

　　第一個獲得諾貝爾獎金的科學家是發現X光射線的法國科學家倫琴，獲獎時間1901年。

　　第一個獲諾貝爾獎金的女科學家是瑪麗‧居禮，她是唯一兩次獲得諾貝爾獎金的女科學家。

　　最年輕的諾貝爾獲獎者是英國人勞倫斯‧布拉格。1915年，他以對X射線晶體結構的研究而獲得物理學獎，獲獎時只有25歲。

　　年齡最大的諾貝爾獲獎者是美國人雷蒙德‧戴維斯，他由於在「探測宇宙中微子」等領域的開創性工作而獲得2002年物理學獎，他當年88歲。

　　100多年來，有一個諾貝爾之最絕對是全球唯一，這個唯一來自居禮家族。居禮夫人和丈夫曾經獲得諾貝爾獎，後來居禮夫人又再次獲獎，而20多年後他們的長女也和丈夫約里奧一起發現人工放射性物質共同獲得諾貝爾化學獎，繼承了居禮夫婦的科學事業。

諾貝爾獎為何下午頒發

　　每次諾貝爾獎的頒獎儀式都是在下午舉行，這是因為諾貝爾是1896年12月10日下午4點30分去世的。為了紀念這位對人類進步和文明做出過重大貢獻的科學家，在1901年第一次頒獎時，人們便選擇在諾貝爾逝世的時刻舉行儀式。這有特殊意義的做法一直沿襲到現在。

SOS 的由來

　　「SOS」是世界通用的緊急求救訊號。「SOS」不是英文縮寫，而是無線電通訊信號。1932年美國發明家繆爾・弗・比・摩爾斯首先把電應用到通訊上，發明了電報，也就是今天的摩爾斯電碼。

　　摩爾斯電碼用點和劃表示字母，可用燈光或無線電發送。在無線電通訊上，「緊急求救訊號」的代號是三點三劃三點（…－－－…）。而在摩爾斯電碼中，S的代號正好是三點，O的代號是三劃，所以「緊急求救訊號」簡稱為「SOS」。

原子

古希臘人把它稱為ATOMAS，意思就是「不可分」，地球上各種物質都是由它組成的。英語ATOM就是由此而來。

1803年，英國化學家道爾頓，遵循古希臘人的理論，把每種元素列為特定類型，其中粒子以不同方式組合，構成各種物質，這些不可再分的粒子就是原子。

但是到了1896年，科學家發現原子並非不可再分，他們發現原子還會分裂，釋放出更小粒子，而且還掌握了使原子分裂的方法。

雷射

美國當代物理學家梅曼於1960年自行設計了人類歷史上第一台紅寶石雷射器，於是一種新穎光源一雷射誕生了。

1959年，美國哥倫比亞大學教授查理斯·湯斯等科學家對雷射進行研究，發表一些具有創造性的論文。

之後，外國科學家感到英文全稱太長，遂取全稱中主要單詞的第一個字母，簡化為「雷射」的縮略詞「LAS-ER」。

蒸汽機

　　蒸汽機源於英國。英國軍人薩弗里和鐵匠紐可門分別在1698年及1712年製造出了蒸汽機。而紐可門製造的蒸汽機能夠大規模地把熱能轉化為機械能，曾被普遍地使用過。

　　後來，英國發明家詹姆斯・瓦特吸取了18世紀初有關熱學的新成就，克服了紐式蒸汽機浪費蒸汽的弱點，根據蒸汽轉化為水的「潛熱」與「汽缸材料的比熱」，計算出各種大小的蒸汽機的蒸汽消耗量，弄清了蒸汽機結構與蒸汽消耗之間的關係。

　　他設計了一隻保持低溫的冷卻器，專門冷凝蒸汽，又在機械工人的幫助下改進活塞工藝，提高機械的精密度，大大增進蒸汽機的效率，從而完善了從熱能到機械運動的轉化。

打字機

　　英國的亨利密爾於1714年第一個申請到打字機專利權，但並沒有製造出來。打字機最初是用來幫助盲人寫字的工具。

　　美國威廉波特發明了第一部獲得專利的打字機，但至今已無模型。1843年，美國周爾博獲得專利的打字機，因速度慢而未得到廣泛的使用。

　　1858年打字機有了很大改進，以字模排成一圓形，用同一中心來按壓字鍵。美國洛斯、素爾、葛里根三位發明家製造出第一批大量實用的打字機。

　　1873年又有較完善的改進，已把紙捲入橡膠滾筒，字帶上加墨汁，成了可以移動的台架型，與現代的打字機相近。

天線

　　1888年，29歲的波波夫得知德國著名物理學家赫茲發現電磁波。1894年，波波夫製成了一台無線電接收機。有一次，波波夫在實驗中發現，接收機檢測電波的距離突然比往常增大了許多。「這是怎麼回事呢？」波波夫查來查去，一直找不出原因。

　　一天，波波夫無意之中發現一根導線搭在金屬屑檢波器上。他把導線拿開，電鈴便不響了；他把實驗距離縮小到原來那麼近，電鈴又響了起來。

　　波波夫大喜，連忙把導線接到金屬屑檢波器的一頭，並把檢波器的另一頭接上。經過再次試驗，結果顯

示使用天線後，信號傳遞距離劇增。無線電天線由此而
問世。

太陽能飛機

1979年4月29日，美國飛行員拉里・莫羅駕駛著自
己製造的太陽能飛機「太陽高昇號」，在加利福尼亞州
里弗賽德城的弗拉博布機場上騰空而起，在12米的高度
上飛行800米，歷時一分鐘後徐徐降落。

「太陽高昇號」飛機是世界第一批太陽能動力飛機
中的一架。它用輕而堅固的材料製成，總重只有57公
斤。飛機具有上下兩個機翼。在上機翼的上表面裝有500
個太陽能光電池，外面罩以用透明塑料製成的保護層。

光電池吸收光能後轉換成電能，並向蓄電池輸送電
流，驅動飛機尾部的電動機，帶動螺旋槳，推動飛機升
空飛行。太陽照射1.5小時，可持續飛行5~6分鐘。

飛船

1851年，法國亨利・吉法德製成一艘載人飛船，是
靠充填氫、氦、熱空氣等產生升力升到空中的充氣體，

由螺旋槳或噴氣發動機推動前進，可向任意方向飛行。

這艘飛船長44米，直徑12米，體積2499立方米，由三匹馬力的蒸汽機轉動螺旋槳。其外形好像一支「雪茄」煙。

1852年9月24日，吉法德把氫氣充入氣囊，駕駛著這艘飛船，在巴黎郊外伊伯多羅姆以每小時10公里的速度飛行了27公里，創造世界上第一艘飛船的飛行記錄。

飛艇

蒸汽機發明後，1852年法國人季裴製造了一艘有動力的飛艇，長44米，最大直徑12米，裝一台3馬力蒸汽機，帶動一支三葉螺旋槳，破風前進。因為飛艇的整體靠充氣保持形狀，所以稱軟式飛艇。

後來，德國人齊柏林用金屬骨架，外面蒙塗膠布製成硬式飛艇。齊柏林的飛艇性能好，用途廣，於是得到了推廣。

飛碟

1947年6月24日，肯尼思・阿諾德駕著自己運貨的飛機在美國華盛頓州卡斯卡德山脈上空飛行。下午他飛抵雷尼爾山附近，駕著飛機兜了一會圈子，尋找一架曾在這裡失蹤的飛機。他突然發現左側稍遠地面的上面有幾個發光物體，每個呈發光圓形，有飛機大小。不久，這幾個發光物體排成一行前高後低，在峰巒間穿行，有次還繞過一個山頭。時速約每小時2700公里。

後來記者問他：「這些物體是怎樣飛行的？」他回答道：「每個物體上下漂動，就像沿水面拋出去的一個碟子。」他並未說飛行物像碟子，而是說物體飛行像貼著水面拋出的碟子，可是，第二天美國報紙報道說，肯尼思在卡斯卡德山脈上空看到了「飛碟」。

第一張光學照片

1839年8月15日，在法國科學院大廳裡展出了一張光學照片，它是巴黎畫家和舞台布景設計師路易斯・達意爾發明的。

有一天，路易斯・達意爾正在把一張薄片感光，忽

然天空烏雲密佈，遮住了陽光，只好把這張感光不足的薄片放進化學藥品櫃子裡。3天以後，他取出薄片，發現上面的風景異常清晰。

他立即取出各種化學藥品，甚至連溫度計裡的水銀也拿來作為試驗藥劑，以便證實他的新發現。他把碘化銀薄片短時間感光，然後放入稀釋水銀溶液中顯影，再用蘇打水鹼溶液沖洗定影，終於獲得了一張清晰的風景照。就這樣，世界上誕生了第一張光學照片。

潤滑油

英國的物理學家瑞利平時很注意觀察各種事物。有一天，瑞利的家來了幾個客人，瑞利的母親沏好茶，將小茶碗放在碟子上，端到客人面前。

然而，母親稍不留神，茶碗在碟子裡一滑，熱茶灑了出來，濺到了客人的衣服上。瑞利的母親一邊說著「對不起」，一邊拿出手帕幫客人擦衣服。

這時，瑞利注意到，碟子開始只有一點點傾斜，茶碗就滑動了。可當母親一隻手忙著幫客人擦衣服時，另一隻手中托著的碟子雖然傾斜得更明顯，茶碗卻一動不動，像黏在碟子上似的。「這是怎麼回事呢？」瑞利沒

有放過這個小小的細節。

　　瑞利用茶碗和碟子反覆實驗，終於弄明白了碗碟之間的祕密。原來，茶碗和碟子表面總有點油膩，使碗碟之間摩擦減小，很容易滑動。當灑了熱茶後，油膩消融了，茶碗在碟子上就變得不大容易滑動了。

　　瑞利又進一步研究，他發現利用油的潤滑作用，可以減少固體之間的摩擦。後來，在瑞利發現的基礎上，人們不久就發明了潤滑油。

顯微鏡

　　1590年，一個荷蘭眼鏡業商人的13歲的兒子詹森，偶爾發現用兩塊凸鏡在一定距離觀察物體時，物體顯得格外大。在父親的幫助下，詹森把這兩塊凸鏡固定在直徑不同的圓筒上，並使小圓筒能在大圓筒內自由滑動，放大率近10倍。這便成了今天顯微鏡的原始雛形。

　　後來，有個荷蘭的布商對顯微鏡嗜之成謎。經過他的精心改良，製出了放大率達50至300倍的顯微鏡，突破了人類的生理限制，把視野擴大到肉眼所不能看到的細小結構中去；並且第一次將細菌顯露在人們的眼前。

指紋偵破

1686年，馬爾丕哥教授運用當時新發明的顯微鏡，發現指紋的紋線都是從手指頂端的圓環和螺旋線中引出來的。1823年德國普克尼教授指出：手指最末端指骨上的紋線，多樣性和差別性非常突出。他制定了一些標準，把紋線劃分為九個類別。

1889年，英國科學雜誌《自然》發表了福爾茨醫生的論文《識別犯罪的第一步》。文章提出，只要在犯罪現場上發現，提取有關指紋，就能夠發現犯罪分子，儘管罪犯可能會通過其他手段對手指進行掩飾，但指紋仍然是不變的。

這一理論為實踐部門所接受，成為現代指紋科學中最早提出的理論之一。

天文望遠鏡

17世紀初，荷蘭眼鏡商里普希的一個學徒無意中發現，一個凹凸透鏡可以使高高教堂上的風標變得近在眼前，於是這種「幻境」立即成了貴族太太、小姐們手中的珍奇玩物。

後來，里普希造一架望遠鏡獻給政府。1609年5月，伽利略根據望遠鏡放大原理，發明了第一台天文望遠鏡。又不斷改進使得望遠鏡達到了使物體放大30倍的效果。伽利略的天文望遠鏡一下子轟動了全世界。

地震定級

1939年，美國人里奇特和古騰堡在分析加州發生過的地震時，試圖建立一種能直接反映地震實際強度的分級法，級分成大、中、小三類。

里奇特在研究時發現：越是強的地震，留下的曲線振幅就越大。後來古騰堡建議，如果某次地震使距離震中100公里處的標準地震儀的劃針擺動1微米，即記錄下的曲線振幅寬1微米，這次地震就定為一級；如果曲線振幅寬達10微米，地震強度則要定為二級。

依此類推，曲線振幅每擴大到前一級的10倍，就說明震級高了一級。這就是現在國際慣用的「芮氏地震規模」的由來。

密碼

　　史料記載，密碼最早產生於希臘。到了4世紀，希臘出現了隱蔽書信內容的初級密碼。8世紀古羅馬教徒為傳播新教，創造了「聖經密碼」。1200年，羅馬教皇政府和義大利世俗政府開始有系統地使用密碼術。至19世紀，隨著資本主義的發展和資產階級相互鬥爭的需要，出現了無線電密碼通信。

　　到第一次世界大戰時，密碼通信已十分普遍，許多國家成立專門機構，進一步研製和完備密碼，並建立了偵察破譯對方密碼的機關。

機器人

　　人們對機器人的幻想，已持續了2000多年。早在1000多年前，中國就有「木牛流馬」的傳說。13世紀，德國科學家曾試制過能替主人開門的機器人。16世紀，捷克斯洛伐克有人試制過幫助人劈柴打水的機器人。

　　1954年，美國工程師喬治・迪波爾成為世界上第一家機器人製造公司的創辦人，並且經過7年努力，於1961年製造出世界上第一台實用的工業機器人。

　　1969年，日本川崎公司製造出日本第一批機器人。從那以後，其他國家競相倣法，一個製造、使用機器人的熱潮席捲全球。

全球定位系統（GPS）

　　全球定位系統（GPS）是20世紀70年代由美國陸海空三軍聯合研製的新一代空間衛星導航定位系統。其主要目的是為陸、海、空三大領域提供實時、全天候和全球性的導航服務，並用於情報收集、核爆炸監測和應急通訊等一些軍事目的，是美國獨霸全球戰略的重要組成。

18 世界醫學面面觀

世界衛生組織

亦稱「世衛組織」，是聯合國下屬的一個專門機構，只有主權國家才能參加。其前身可以追溯到1907年成立於巴黎的國際公共衛生局和1920年成立於日內瓦的國際聯盟衛生組織。

戰後，經聯合國經社理事會決定，64個國家的代表於1946年7月在紐約舉行了一次國際衛生會議，簽署了《世界衛生組織組織法》。

1948年4月7日，該法得到26個聯合國會員國批准後生效，世界衛生組織宣告成立。同年6月24日，世界衛生組織在日內瓦召開的第一屆世界衛生大會上正式成立，總部設在瑞士日內瓦。

世衛組織的宗旨是使全世界人民獲得盡可能高水平的健康。截至2005年5月，世衛組織共有192個成員國。

「衛生」一詞的由來

醫學史研究認為，「衛生」是個醫學名詞，意為「養生」。這個詞最早出現在《靈樞》中。《莊子·莊桑楚》裡也有「衛生」一詞。

也有人認為「衛生」一詞來自希臘神話。「hygeian」是指神話中的「健康女神」。西歐學者用此詞表示「衛生」或「衛生學」。

現今，「衛生」一詞指講究清潔，預防疾病，有益健康。

紅十字會的由來

100多年以前，法國拿破崙三世和撒丁尼亞盟軍一道，在義大利北方索爾費里諾小鎮與奧地利軍隊發生了一場戰鬥。據統計，雙方軍隊共有6000人喪生，還留下4200名傷兵，其中絕大多數傷兵無人照顧。那種令人毛骨悚然的慘狀，使偶然來這裡的日內瓦商人亨利·杜納特為之膽寒。他決定為救護這些傷兵出分力。於是，杜納特在小鎮的教堂附近，組織了許多婦女，無償的救護這些傷兵。事後，杜納特將自己的親身經歷，寫成了一

本名為《沙法利諾回憶錄》的書。他在書中呼籲：「准予合法的組織志願人員，以熱心、慈愛為宗旨，到戰時各地去救護傷兵。

這種中立行動是受國際道義的支持，應得到保護，不受侵犯。」他的書在1862年問世後，很快引起了強烈的反響。1864年，就交戰雙方傷兵救助問題，舉行了第一次日內瓦會議，擬出草案。草案在杜納特建議的基礎上，增加了設立野戰醫院和醫療救護的措施，並以「紅底白十字」的瑞士國旗為參照，設計出「白底紅十字」的標誌。這就是紅十字會的起源。

1880年，「救護傷兵國際委員會」改稱「紅十字國際委員會」。此後，許多國家都成立了紅十字會。1919年又誕生了各國紅十字會聯合組織－國際紅十字會協會。

叩診的由來

300多年以前，奧地利醫生奧延布斯加發現病人腹部、胸部出現某些病理變化時，叩打所發出的聲音與健康人會有所不同。

根據其臨床經驗，在1761年，他寫了《新的診斷法》一書，詳盡闡述了叩診法。但是，由於保守勢力的

影響，此書問世後，非但沒有給奧延布斯加帶來榮譽，反而招來了一片嘲諷。因此，叩診法一時得不到社會的承認。

40年後，法國醫生柯爾比薩，在舊書攤前偶然發現了《新的診斷法》一書，遂欣然買下，認真地閱讀後，經過反覆驗證，證明了奧延布斯加這一發現的實用價值。於是，柯爾比薩便向臨床醫務工作者大力宣傳。

不久，這種叩診法不僅為醫學界所接受，而且被廣泛的應用於臨床。如今，這種方法和視診、觸診、聽診、嗅診共同組成了西醫的檢查體系。

麻醉術

1844年，美國化學家考爾頓在研究了「笑氣」對人體的催眠作用後，帶上「笑氣」到各地做旅行、演講，並做「笑氣」催眠的示範表演。1845年1月，威爾斯在美國波士頓一家醫院裡公開表演在麻醉下進行無痛拔牙的手術。表演開始後，由於麻醉不足，病人在手術過程中大喊疼痛，結果表演失敗。後來，威爾斯年輕的助手默頓從化學家傑克遜那裡得到啟示，決定採用乙醚來進行麻醉，經過反覆的試驗，終於獲得了非常滿意的效

果，默頓終於使這一設想成為了現實。

其實，早在東漢末年，中國已出現了麻醉藥。當時稱作「麻沸散」，是中國古代名醫華佗研製出來的。只可惜，華佗去世後，「麻沸散」的配方就隨之失傳。

▌護士的由來 ▌

護士最早出現在德國。1836年，德國有一位青年宗教家，在塞開佛特開設了一所醫院，並訓練了一批年輕的姑娘專門負責病人的護理工作，這就是最早的護士。

1854年，俄國與英、法等國之間的克里米亞戰爭爆發，英國陸軍部特令南丁格爾組織一個看護隊，到戰地服務。南丁格爾所帶的38名經過訓練的婦女到達前線後，對傷員的傷病、飲食衛生和思想情緒都極為關心，護理工作做得非常到位。

1860年，英國政府正式在倫敦多馬醫院設立護士學校，委派南丁格爾主持。這是世界上最早的護士學校。

手術服為什麼是綠色的

　　人眼在長時間內觀看一種色彩時，視神經易受刺激而疲勞，為了減輕這種疲勞，視神經就會誘發出一種補色做自我調節。例如，長時間盯著一張用鮮紅色的顏色在白紙上繪製的表格之後，再轉向另一張空白紙，你會發現這張白紙上出現了一幅和剛才一樣的表格，只不過它的顏色變成了淺綠色，因此說紅色的補色是淺綠色。醫生在手術過程中，眼睛看到的總是鮮紅的血跡，時間一長，偶爾把視線轉移到同伴的白大褂上，就會看到斑斑點點的血跡，使視覺產生混亂而影響手術效果。採取淺綠色衣料製作手術服，就可以消除綠色錯覺進而確保手術的順利進行。因此，現在各醫院手術室的醫護人員均不再穿白外衣，而改穿綠外衣了。

心電圖機

　　心電圖機能將心臟活動時心肌激動產生的生物電信號（心電信號）自動記錄下來，為臨床診斷和科研常用的醫療電子儀器。國內一般按照記錄器輸出道數劃分為：單道、三道、六道和十二道心電圖機等。

CT 機

　　CT是「電腦X光斷層攝影機」或「電腦X光斷層攝影術」的英文簡稱，是從1895年倫琴發現X光以來在X光診斷方面的最大突破，是近代飛速發展的電腦控制技術和X光檢查攝影技術相結合的產物。CT由英國物理學家在1972年研製成功，先用於顱腦疾病診斷，後於1976年又擴大到全身檢查，是X光在放射學中的一大革命。

聽診器

　　聽診器是內外婦兒醫師最常用的診斷用具，是醫師的標誌，現代醫學即始於聽診器的發明。聽診器自從被應用於臨床以來，外形及傳音方式有不斷的改進，但其基本結構變化不大，主要由拾音部分（胸件），傳導部分（膠管）及聽音部分（耳件）組成。

體溫表

　　體溫表是由歐洲人桑克托留斯醫生發明的。

　　一天，桑克托留斯醫生去訪問伽利略，發現伽利略

正在研究氣體溫度表，桑克托留斯醫生從中受到了啟發。在1600年，他製成了世界上第一支體溫表，當時溫度計的管子裡裝著的是紅色酒精。

1714年，德國科學家華倫海用水銀代替酒精，由於水銀在零下39度才開始凝固，350度才開始沸騰氣化，可擴大測量溫度的範圍。並且把水在一個大氣壓下的冰點定為32度，把沸點定為212度，中間劃分為180格，每格定為一度，這就是華氏溫度。

攝氏溫度計產生於1742年，它是把一個大氣壓下水的冰點定為零度，沸點定為一百度，中間分為一百格，每格一度，這就是我們常用的攝氏溫度。

血壓計

約在18世紀初，英國人哈爾斯用一根長達9英尺的玻璃管，以銅管連接，插入馬腿動脈內，血液在垂直的玻璃管內上升到8英尺3英吋的高度，測到了馬的血壓。

1896年，義大利人里瓦·羅克西發明了不損血管的血壓測定計。測量血壓時，將橡皮囊臂帶圍繞手臂，捏壓橡皮球，觀察玻璃管內水銀柱跳動的高度，以推測血壓數值。

1905年，俄國人尼古拉·科洛特科夫改進了血壓測

定法，使它除了血壓計外，還需用聽診器，這種測定方法一直沿用到現在。

X光

1895年，德國物理學家倫琴意外地發現了一件怪事，放在抽屜裡、用黑紙包好的照相膠片自動感光。他抓住這個偶然的發現，認真分析起來。他試驗了多次，試驗了不同物體，結果證明這種射線能穿透許多種物體。

12月22日，倫琴拿一張用黑紙包好的膠片，放在陰極射線管旁邊，然後讓妻子把手放在膠片上，給陰極通電。不一會，膠片衝出來了，倫琴一看不禁大吃一驚，這是一張手上的骨骼都清晰可見的手掌照相底片。世界上第一張X光照片誕生了。

1895年12月28日，倫琴在德國維爾次堡大學作了一次X光的學術報告，不久就震動了整個世界。為了祝賀倫琴的這一重大發現，有人建議將這種射線命名為「倫琴射線」，但倫琴卻說：「我還沒有徹底解釋這種射線的發生現象，還是把它稱為X光最恰當。」

激素

　　激素的發現源於英國。20世紀初，英國生理學家斯塔林和貝利斯在長期的觀察中發現，狗進食後，胃便開足馬力，把食物磨碎。當食物進入小腸時，胃後邊的胰腺馬上會分泌出胰腺液並立刻送到小腸，和磨碎的食物混合起來，進行消化活動。那麼，食物到達小腸的消息，胰腺是怎樣得到的呢？

　　起初他們以為這個消息是通過神經系統來傳遞的，但實驗結果卻對此否定。儘管切除了動物體內的一切通向胰腺的神經，胰腺仍能按時把胰腺液送到小腸。他們又經過兩年的仔細觀察和研究，終於解開了這個謎。

　　原來，在正常情況下，當食物進入小腸時，由於食物在腸壁摩擦，小腸黏膜就會分泌出一種數量極少的物質進入血液，流送到胰腺，胰腺接到消息後，就立即分泌出胰液來。

　　接著，他們把這種物質提取出來，並注入到哺乳動物的血液中，發現即使這一動物不吃東西，也會立刻分泌出胰液來，於是，他們便給這種物質命名為激素。

哪些藥物會上癮

常見的能夠成癮的藥物有：

麻醉性鎮痛藥：嗎啡、杜冷丁、美撒痛、阿度那、可待因等。

鎮痛催眠藥：苯巴比妥、戊巴比妥、異戊巴比妥、速可眠、安眠酮、眠爾通、安定、水合氯醛等。

中樞神經興奮藥：咖啡因、安那如及麻黃鹼等。

解熱鎮痛藥：APC、阿司匹林、優撒痛。

因此，以上成癮藥物，都不宜長期服用。

維生素

1893年，年輕的荷蘭醫師艾克曼住在爪哇時，看到當地正在流行一種可怕的疾病——腳氣病。這種病在中國、日本和一些南美洲、非洲國家也較為普遍。艾克曼醫生想盡自己所能來治療這種病，但效果不佳。

有一天，他從一位患者家的雞窩旁經過，發現患者家的雞也有這種病。經過仔細觀察和詢問，得知餵雞的飼料是腳氣病人吃剩下的白米飯。艾克曼醫生推斷這種病可能與白米飯有關，於是，他往餵雞的白米飯裡加一

點米糠，結果這些雞的病很快就好了。最終，他找到了治療腳氣病的方法。

1912年，波蘭的科學家封克從米糠中分解出這種治療腳氣病的物質，他把這種物質叫做維他命，即維生素。

凡士林

美國早期的移民生活很艱苦，經常會因勞作出現各種創傷。他們發現，將一些水面上蒙著的那層油塗於燒傷和創傷處，能取得良好的療效。於是，他們便將這些油裝入瓶裡，當藥出售。那時，移民們將這種油稱為「印第安油」。

此後，有個名叫喬治‧畢索爾的英格蘭年輕教師對這種油發生了濃厚的興趣，想經由鑽井方式來取得較濃的油，便和他的朋友德雷克在賓夕法尼亞的泰特斯維爾附近打井。對這一行為，當地人難以理解，稱之為「瘋人之舉」。萬萬沒想到的是，當鑽到25米左右深處時卻意外地找到了石油。

在與鑽井工人接觸中，善於觀察的鮑勃發現，大型鑽頭上總附著一種像蠟一樣的物質，而鑽井工人每當劃破了皮膚或燒傷時，總是將這些物質塗於傷口。他便將

這種物質帶回實驗，提取出一種乾淨的糊狀油膏，具有較強的止痛、治療刀傷、燒傷等功效。他立即向政府申請了專利權，並將它取名為凡士林。

鴉片

鴉片是從罌粟花中提煉出來的。罌粟最先產於埃及。西元前5世紀左右，希臘人用罌粟花汁製藥，用以安神止痛，多眠忘憂。西元6世紀初，阿拉伯半島上崛起了一個強大的阿拉伯帝國。

阿拉伯人很推崇希臘人的醫學成就，掌握了其提煉罌粟汁的技術。希臘人稱罌粟汁為「阿扁」，阿拉伯人把「扁」音發成了「芙蓉」。

傳到波斯後，波斯人又音變成「片」。於是「阿扁」又稱為「阿芙蓉」和「阿片」。罌粟從印度等地傳入中國，中國人把「阿」字發成「鴉」字音，才有「鴉片」二字的出現。

海洛因

1897年8月21日，法國拜爾公司的化學家費利克斯、霍夫曼在實驗室中合成了一種叫做二乙嗎啡的物質。他們認為，這種化合物可以替代具有成癮性的止痛藥嗎啡。在不到一年的時間，未來得及進行徹底的臨床試驗的情況下，便將其上市銷售。海洛因，法文意為「英雄」。因為海洛因在手術等過程中有好的表現。

但很快，人們便嘗到了海洛因帶來的痛苦。它不但具有成癮性，還能危害人類的健康和社會的穩定，為人類所痛恨。因此，它由「英雄」轉變成為白色的惡魔。

尼古丁

尼古丁本來是一個法國人的名字，他在葡萄牙當大使時，發現當地人常因吸食一種植物而生病，甚至死亡。對此，他感到非常奇怪。於是，他便把這種植物帶回法國，進行研究。他發現這種植物的菸鹼含量很高，能誘發呼吸道癌症，是導致氣管炎、哮喘、心臟病等多種疾病的有害物質。

他的發現，使人認識到這種物質的危害。人們為了紀念他的功績，便把菸鹼改稱為尼古丁。

青黴素

　　青黴素是人類最早發現的抗生素，它的出現，極大地改善了人類的抗病能力，是人類醫藥史上一場重大的革命。然而，它的發現卻源自於一個偶然的事件。

　　當時，英國倫敦大學教授亞歷山大‧佛萊明正在研究導致人體發熱的葡萄球菌。有一次，他把含有葡萄球菌的液體裝到裝有明膠溶液的圓盤裡，準備蓋上蓋子放到培養器裡加溫，以便研究細菌的繁殖情況。碰巧，他忘了蓋蓋子，等到觀察時卻發現盤上附著一層黴菌。

　　但是令佛萊明感到吃驚的是，在這種黴菌的近旁，竟沒有葡萄球菌的蹤影。由此佛萊明作出了一個推測：也許是這種黴菌產生出某種不明物質，殺死或抑制了細菌的生長。於是，佛萊明開始著手培養器皿中發現的黴菌。通過許多實驗，佛萊明成功的研製出經過處理的黴菌「溶液」。這種「溶液」對人體的白血球不起排斥作用，而對葡萄球菌有強大的殺滅作用。

　　1938年，英國牛津大學的弗羅瑞教授，成功地從培養黴菌的肉凍裡分離出青黴素結晶。1941年，弗羅瑞前往美國，同美國的製藥公司協作研製，生產出我們現在使用的青黴素。

韓國高麗參

　　韓國高麗參的品種不僅區別於美國的西洋參、中國的田七參，而且它的功效能被世界所認可。

　　高麗參的俗名叫Panax，是pan和axos的合成詞。Pan意味著「全部」，而axos則是「治療」的意思，故「高麗參」有「醫治全部疾病」之意。其生長環境優適、加工技術先進、方法獨特，因而以質量上乘、功效卓越而聞名於世。

　　現代醫學研究出的有關高麗參的效能還有預防糖尿病、抗癌、保護肝臟、消除宿醉等等。而高麗紅參，由於加工過程要求嚴格，選料認真，炮製精細，色香味俱佳，所以在醫療和滋補方面，效果顯著。此外，還可預防動脈硬化、高血壓、抗疲勞、防衰老，並且對胃腸疾病有不錯的效果。

南丁格爾

　　佛羅倫薩‧南丁格爾1820年5月12日生於義大利佛羅倫薩一個富裕家庭，後隨父母遷居英國。1850年，她不顧家人反對，前往德國學習護理。1854年至1856年克

里米亞戰爭期間，南丁格爾率領護理人員奔赴英軍戰地醫院，經由健全醫院管理制度，提高護理質量，使傷員死亡率大幅度下降，被戰地士兵稱為「提燈女神」。

1860年，南丁格爾在英國聖托馬斯醫院建立了世界上第一所正規護士學校。她撰寫的《醫院筆記》、《護理筆記》等主要著作成為醫院管理、護士教育的基礎教材。由於她的努力，護理學成為一門科學。她的辦學思想由英國傳到歐美及亞洲各國，南丁格爾被譽為近代護理專業的鼻祖。

南丁格爾

19 世界名人名著面面觀

西方神話傳說人物

主宰宇宙的天神宙斯

尋取金羊毛的阿爾戈船英雄

創造之神大梵天

穀物之神得黑忒耳。

文藝、科學女神繆斯

冰雷巨人伊密爾

獅身人面的司芬克斯

古埃及的太陽神拉

古希臘的太陽神阿波羅

盜火英雄普羅米修斯

毀滅之神濕婆

智慧女神雅典娜

保護之神毗濕奴

機智勇敢的奧德修斯

豐饒之神和冥世之王奧里西斯

力大無比的赫拉克勒斯

棄邪歸正的吉爾伽美什

海神波塞冬

「人類第一對夫妻」亞當和夏娃

造方舟避難的挪亞

世界十大文豪

荷馬：古希臘詩人

但丁：義大利詩人

歌德：德國詩人、劇作家、思想家

拜倫：英國積極浪漫主義詩人

莎士比亞：英國文藝復興時期戲劇家、詩人

雨果：法國作家

泰戈爾：印度詩人和社會活動家

列夫・托爾斯泰：俄國文學巨匠

高爾基：前蘇聯無產階級文學奠基人

魯迅：中國現代偉大的文學家、思想家、革命家

世界文學悲劇之父

　　悲劇之父—埃斯庫羅斯。古希臘傑出的悲劇作家。雅典人，貴族出身，參加過馬拉松、薩拉米斯、普拉提亞會戰。25歲時開始參加戲劇比賽。西元前488年第一次獲獎。

　　一生勤於筆耕，著有90部劇本，82部留有劇名，7部較完整傳了下來，包括描寫薩拉米斯海戰中希臘人愛國主義精神的《波斯人》，歌頌捨己為人、抗爭命運的《被縛的普羅米修斯》，關於邁錫尼時代英雄之死的《阿伽門農》等。

　　他的悲劇多取材於神話傳說，但也有現實主義作品，均反映公民普遍關心的問題；情節簡單，心理細節刻畫精微，全部用詩歌形式表現，深入揭示悲劇衝突。

　　他改革表演形式，把演員從一名增加到兩名，創造出真正的戲劇對話。他為演員設計了面具、服裝、道具、佈景，增加戲劇效果。他常常充當自己悲劇中的演員、合唱隊長或伴舞員，直接從事表演實踐。

　　一般認為他是悲劇的真正創造者，有「悲劇之父」的美稱。

世界文學喜劇之父

　　阿里斯托芬是著名的喜劇作家，被稱為「喜劇之父」。

　　西元前五世紀，雅典產生三大喜劇詩人：第一個是克拉提諾斯，第二個是歐波利斯，第三個是阿里斯托芬。只有阿里斯托芬傳下一些完整的作品。

　　阿里斯托芬是雅典公民，擁有土地。他交友甚廣，是蘇格拉底和柏拉圖的朋友。詩人敢於在劇中抨擊雅典的當權人物，特別是克勒翁；曾被控告侮辱了雅典公民和城邦，但他並不退縮，仍舊繼續諷刺他們。他寫過四十四部喜劇，現存十一部。

　　阿里斯托芬的喜劇觸及當時一切重大政治問題和社會問題，描述了雅典奴隸主民主制危機時期的社會生活。

　　恩格斯曾經稱阿里斯托芬為「喜劇之父」和「有強烈傾向的詩人」。

抒情詩之王

　　裴多菲，匈牙利詩人。1842年開始發表作品，採用民歌體寫詩，形式上加以發展，語言上加以提煉，創作

了許多優秀詩篇。早期作品中有《穀子成熟了》、《我走進廚房》、《傍晚》等50多首詩,被李斯特等作曲家譜曲傳唱,已經成了匈牙利的民歌。

1844年從故鄉來到首都佩斯,擔任《佩斯時裝報》助理編輯。在詩人弗勒斯馬爾蒂的資助下,出版《詩集》、《愛德爾卡墳上的柏葉》、《愛情的珍珠》以及散文作品《旅行札記》,奠定了他在匈牙利文學中的地位,並受到德國詩人海涅的高度評價。

1847年起詩歌創作涉及當時政事,如《致十九世紀的詩人》、《以人民的名義》等詩篇,抒發了時代的聲音。他的《自由與愛情》:「生命誠寶貴,愛情價更高;若為自由故,二者皆可拋!」成為詩人走向革命的標誌,也是他向革命邁進的誓言。

1848年3月15日裴多菲領導有學生參加的無產階級和小資產階級的市民起義,寫下詩篇《民族之歌》、《大海沸騰了》、《把國王吊上絞架》。他被尊稱為匈牙利「抒情詩之王」。

科幻小說之父

凡爾納是19世紀法國作家,被譽為「科學幻想小說的鼻祖」。

1828年,凡爾納生於南特,1848年赴巴黎學習法律,寫過短篇小說和劇本。1863年起,他開始發表科學幻想冒險小說,以總名稱為《在已知和未知的世界中奇異的漫遊》一舉成名。代表作為三部曲《格蘭特船長的兒女》、《海底兩萬里》、《神祕島》。主要作品還有《氣球上的五星期》、《地心遊記》、《機器島》、《漂逝的半島》、《八十天環遊地球》等20多部長篇科幻歷險小說。

童話之父安徒生

安徒生是丹麥19世紀著名童話作家,世界文學童話創始人。1833年出版長篇小說《即興詩人》,為他贏得國際聲譽,是他成人文學的代表作。「為了爭取未來的一代」,安徒生決定給孩子寫童話,出版了《講給孩子們聽的故事》。直到1872年近40年間,共計寫了童話168篇。

　　安徒生童話具有獨特的藝術風格：即詩意的美和喜劇性的幽默。前者為主導風格，多體現在歌頌性的童話中，後者多體現在諷刺性的童話中。安徒生的創作可分早、中、晚三個時期。早期童話多充滿綺麗的幻想、樂觀的精神，體現現實主義和浪漫主義相結合的特點。

　　代表作有《打火匣》、《小意達的花兒》、《拇指姑娘》、《海的女兒》、《野天鵝》、《醜小鴨》等。中期童話，幻想成分減弱，現實成分相對增強。在鞭撻醜惡、歌頌善良中，表現了對美好生活的執著追求，也流露了缺乏信心的憂鬱情緒。代表作有《賣火柴的小女孩》、《白雪公主》、《影子》、《一滴水》、《母親的故事》、《演木偶戲的人》等。

　　晚期童話比中期更加面對現實，著力描寫底層民眾的悲苦命運，揭露社會生活的陰冷、黑暗和人間的不平。作品基調低沉。代表作有《柳樹下的夢》、《她是一個廢物》、《單身漢的睡帽》、《幸運的貝兒》等。

世界著名文學家與文學名著

　　《神曲》——但丁

　　《十日談》——薄伽丘

《唐吉訶德》──塞萬提斯

《哈姆雷特》──莎士比亞

《魯濱遜漂流記》──丹尼爾·笛福

《格列佛遊記》──斯威夫特

《湯姆瓊斯》──菲爾丁

《巨人傳》──拉伯雷

《紅與黑》──司湯達

《基督山恩仇記》──大仲馬

《雙城記》──狄更斯

《牛虻》──伏尼契

《偽君子》──莫里哀

《湯姆叔叔的小屋》──史托夫人

《紅字》──霍桑

《頑童歷險記》──馬克·吐溫

《葉甫蓋尼·奧涅金》──普希金

《死魂靈》──果戈里

《復活》──列夫·托爾斯泰

《套中人》──契訶夫

《母親》──高爾基

《列寧》──馬雅可夫斯基

《靜靜的頓河》──肖洛霍夫

《青年近衛軍》──法捷耶夫

《鋼鐵是怎樣煉成的》——奧斯托洛夫斯基

《沙恭達羅》——迦梨陀娑

《吉檀迦利》——泰戈爾

《春香傳》——朝鮮古典小說

《茶花女》——小仲馬

世界十大古典悲劇作品及其作者

《普羅米修斯》（古希臘・埃斯庫羅斯）

《俄狄浦斯王》（古希臘・索福克勒斯）

《美狄亞》（古希臘・歐里匹得斯）

《奧賽羅》（英國・莎士比亞）

《凡尼亞舅舅》（俄國・契訶夫）

《大雷雨》（俄國・奧斯特洛夫斯基）

《陰謀與愛情》（德國・席勒）

《哀格蒙特》（德國・歌德）

《安德洛瑪刻》（法國・拉辛）

《熙德》（法國・高乃依）

世界十大古典喜劇作品及其作者

《鳥》（古希臘·阿里斯托芬）

《一僕二主》（義大利·哥爾多尼）

《威尼斯商人》（英國·莎士比亞）

《偽君子》（法國·莫里哀）

《貧窮與傲慢》（丹麥·霍爾堡）

《欽差大臣》（俄國·果戈理）

《破甕記》（德國·克萊斯特）

《費加羅的婚禮》（法國·博馬捨）

《造謠學校》（英國·謝立丹）

《溫德米爾夫人的扇子》（英國·王爾德）

《天方夜譚》

　　天方夜譚是世界各國人民熟知的阿拉伯經典文學作品。大型舞劇天方夜譚便向觀眾講述了這部傑作充滿夢幻的誕生過程，而關於這個過程的故事在全世界已經是婦孺皆知：

　　古時候，薩桑王國的國王山努亞因妻子背叛了他而萬分仇恨女人。因此，他每晚娶一個女人過夜後便殺掉

她。三年後，宰相的女兒大膽入宮，並每晚講一個故事給國王聽，在天亮時便停下來，第二天接著講。

經過1001個夜晚，國王終於打消了殺女人的心思，世界名著天方夜譚也由此誕生。

《紅與黑》

《紅與黑》是19世紀歐洲批判現實主義的奠基作品。小說圍繞主人公於連個人奮鬥的經歷與最終失敗，尤其是他的兩次愛情的描寫，廣泛地展現了「19世紀初30年代壓在法國人民頭上的歷屆政府所帶來的社會風氣」，強烈地抨擊了復辟王朝時期貴族的反動，教會的黑暗和資產階級新貴的卑鄙庸俗，利慾熏心。因此小說雖以於連的愛情生活作為主線，但畢竟不是愛情小說，而是一部「政治小說」。

司湯達所以被評論家稱為「現代小說之父」則是因為他在《紅與黑》中表現了卓越的心理描寫天才。

《浮士德》

　　《浮士德》構思宏偉，內容複雜，結構龐大，風格多變，融現實主義與浪漫主義於一爐，將真實的描寫與奔放的想像、當代的生活與古代的神話傳說雜糅一處，善於運用矛盾對比之法安排場面、配置人物、時莊時諧、有諷有頌、形式多樣、色彩斑駁，達到了極高的藝術境界。當然，這並不意味著《浮士德》是一部無可指責的完美之作。

　　從思想上看，它有將政治革命消極為精神探索，將社會改造轉化為自我完善的傾向，這體現了資產階級固有的軟弱和妥協的本性，以及它作為剝削階級的掠奪性。從藝術上看，內容龐雜，用典極多，象徵紛繁，使作品艱深隱晦，令人索解為難。尤其是第二部，浮士德的形象有抽象化、概念化的傾向，給一般讀者的閱讀和理解造成了較大的困難。

⑳ 世界生物面面觀

▌貓科動物之最▌

最大的野貓——西伯利亞虎，鼻到尾尖可達4公尺，體重可達384公斤。

最小的野貓——黑腳貓，鼻到尾間可達57.5公分。

最輕的野貓——鏽斑豹貓，體重1.36公斤。

▌鳥類之最▌

飛行速度最快的鳥——尖尾雨燕平時飛行的速度為170公里/小時，最快時可達352.5公里／小時。

跑得最快的鳥——鴕鳥，72公里／小時。

游水最快的鳥——巴布亞企鵝，27.4公里／小時。

最重的飛鳥——大鴇，雄性的體重18公斤。

最小的猛禽——婆羅洲隼，體長15公分，體重35克。

羽毛最多的鳥——天鵝，超過25000根。

鳥類雅稱

吉祥之鳥——燕子

自然界清潔工——兀鷹

愛的歌手——東方鴿

愛情之鳥——鴛鴦

捕魚的能手——鸕鶿

草原歌手——雲雀

林中歌手——畫眉

除蝗能手——燕行鳥

滅鼠專家——貓頭鷹

森林專家——啄木鳥

鳥中歌星——百靈鳥

口技專家——烏鴉

忠實信使——雁

春天信使——杜鵑

鳥族閒客——孔雀

江湖閒客——鷗

鳥中仙女——天鵝

鳥中裁縫——縫葉鶯

空中獅虎——鷹

　　黑管吹奏手——黃鸝

　　動物人參——鵪鶉

　　特種通信兵——信鴿

▌養鴿小史

　　早在5000年以前，埃及人和希臘人已經把野生鴿馴養成為家鴿。據英國著名生物學家達爾文在《物種起源》一書中介紹，大約在西元前3000年，埃及第五王朝就馴養鴿子；西元前1600多年，印度可汗阿克巴極愛養鴿，他宮廷內養著各種各樣的鴿子2萬隻以上。

　　在中國，據文獻記載春秋戰國時代，就有關於餵養鴿子而食肉與觀賞的記述。漢劉邦枯井放鴿，解除了敵兵狐疑而脫險。唐朝宰相張九齡是一位出色的養鴿家，他曾用鴿子與親朋通信，號曰「飛奴傳書」。

　　南宋高宗趙構，因玩鴿著迷而不理朝政。近代藝術大師梅蘭芳利用他的「空軍部隊」練出了一雙好眼睛。

▌養蜂史話

　　養蜂歷史悠久，早在7000年前就在西班牙發現了山崖上的取蜜壁畫。2000萬年前中國東部溫帶區即有蜜蜂

存在。據殷商甲骨文中就有「蜜」字記載，也證明了早在3000年前中國人們已開始取食蜂蜜。

菩提樹

菩提樹原產印度，因此通稱印度菩提樹，別名覺悟樹、智慧樹。相傳梁武帝天監元年（502年），印度僧人智藥三藏從西竺引種菩提樹於廣州光孝寺壇前。從此中國廣東、雲南均有菩提樹生長。是印度國樹。

在印度、斯里蘭卡、緬甸各地的叢林寺廟中，普遍栽植菩提樹，它在《梵書》中稱為「覺樹」，被虔誠的佛教徒視為聖樹，萬分敬仰。

植物之最

最高的樹——杏仁桉

陸地上最長的植——白籐

海底最長的植物——海藻

世界上最粗大的樹——紅杉

生長最快的樹——銀合歡、石梓

最硬的樹——鋼鐵樹

世界上最長壽的樹——皮利松

沙漠中最長壽的植物——千歲蘭

水上葉子最大的植物——王蓮

葉片最大的植物——白星海芋

世界上最大的種子——海椰子

種子最小的植物——四季海棠

生命力最強的種子——古蓮子

「世界爺」之稱——美國巨杉

最高的仙人掌——巨柱仙人掌

花之最

最香的花——普遍認為是素有「香祖」之稱的蘭花。蘭花還有「天下第一香」的美譽。

最小的花——是熱帶果樹的菠蘿蜜花。平常看到的花是包含千萬朵小花的花序。

最長壽的花——是一種熱帶蘭花，能開放80天才凋謝。

最短命的花——是麥花，只開5~30分鐘就凋謝。

最耐乾旱的花——是令箭荷花，又稱仙人掌花。

最毒的花——是迷迭香。聞之後令人頭昏腦漲，神

經系統受損害。

最臭的花——大王花。其味如臭爛的肉，它利用臭味引誘蒼蠅等傳播花粉。

森林的美稱

1、綠色銀行

樹木每年都在生長，其作用越來越大，木材也越來越值錢，如同年年在銀行裡存款。

2、製氧機

一畝林地，每天製造的氧氣可供50～60人呼吸。

3、吸塵器

樹木的枝葉能夠吸附大量塵土，可以使空氣中的塵量減少70％～90％。

4、巨傘

下雨時樹木可以截流40％的雨水，保護地表土壤免受雨水沖刷。

5、抽水機

一畝林地一年可以從土壤中抽取300噸左右的水分，通過葉片的蒸發成水蒸氣，可以使空氣濕潤，調節氣候。

6、淨化器

樹木可以吸收十幾種有毒物質，還可以殺菌。一畝林地一年可以吸收二氧化碳約4公斤。

7、消音牆

樹葉能減少噪音，30米寬的林帶可以減少噪音6~8分貝，有綠化帶的街道特別安靜。

8、固沙精兵

林帶能使風速降低30％左右，相對濕度提高15％~30％，使樹木根系能有效地固著土壤顆粒。

姓名		性別	□男　□女
生日	年　　　月　　　日	年齡	

住宅地址	郵遞區號□□□

行動電話		E-mail	

學歷

□國小　　□國中　　□高中、高職　　□專科、大學以上　　□其他＿＿＿＿＿＿

職業

□學生　□軍　□軍　□教　□工　□商　□金融業
□資訊業　□服務業　□傳播業　□出版業　□自由業　□其他＿＿＿＿＿＿＿

謝謝您購買　大千世界：440 個世界文化面面觀　　與我們一起分享讀完本書後的心得。務必留下您的基本資料及電子信箱，使用我們準備的免郵回函寄回，我們每月將抽出一百名回函讀者，寄出精美禮物以及享有生日當月購書優惠！想知道更多更即時的消息，歡迎加入"永續圖書粉絲團"

您也可以使用以下傳真電話或是掃描圖檔寄回本公司電子信箱，謝謝！

傳真電話：（02）8647-3660　電子信箱：yungjiuh@ms45.hinet.net

●請針對下列各項目為本書打分數，由高至低 5~1 分。

　　　　　5 4 3 2 1　　　　　　　　　5 4 3 2 1
1.內容題材　□□□□□　　2.編排設計　□□□□□
3.封面設計　□□□□□　　4.文字品質　□□□□□
5.圖片品質　□□□□□　　6.裝訂印刷　□□□□□

●您購買此書的地點及店名＿＿＿＿＿＿＿＿＿＿＿＿＿＿＿＿＿＿＿＿

●您為何會購買本書？
□被文案吸引　□喜歡封面設計　□親友推薦　　□喜歡作者
□網站介紹　　□其他＿＿＿＿＿＿＿＿＿＿＿＿＿＿＿＿＿＿＿＿＿

●您認為什麼因素會影響您購買書籍的慾望？
□價格，並且合理定價是　　　　　　　　□內容文字有足夠吸引力
□作者的知名度　　□是否為暢銷書籍　　□封面設計、插、漫畫

●請寫下您對編輯部的期望及建議：

22103

新北市汐止區大同路三段 194 號 9 樓之 1

傳真電話：（02）8647-3660
E-mail：yungjiuh@ms45.hinet.net

培育

文化事業有限公司

大千世界：440 個世界文化面面觀

培養文化育智心靈的好選擇

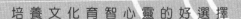